Franz Koch

Die Laute der Werdener Mundart

in ihrem Verhältnisse zum Altniederfränkischen, Altsächsischen,

Althochdeutschen. Jahresb., Aachen.

Franz Koch

Die Laute der Werdener Mundart
in ihrem Verhältnisse zum Altniederfränkischen, Altsächsischen, Althochdeutschen.
Jahresb., Aachen.

ISBN/EAN: 9783743487277

Hergestellt in Europa, USA, Kanada, Australien, Japan

Cover: Foto ©ninafisch / pixelio.de

Manufactured and distributed by brebook publishing software
(www.brebook.com)

Franz Koch

Die Laute der Werdener Mundart

JAHRESBERICHT

über das

Königliche Gymnasium zu Aachen

für das Schuljahr 1878/79.

Erstattet

VON DEM ʠIRECTOR DES ɢYMNASIUMS

Dr. Heinrich Schwenger.

Hierbei eine Abhandlung des ordentlichen Lehrers Dr. **Franz Koch**: *Die Laute der Werdener Mundart in ihrem Verhältnisse zum Altniederfränkischen, Mittelfränkischen, Althochdeutschen.*

1879. Progr. Nr. **355.**   Druck von J. J. Beaufort (F. N. Palm) in Aachen.

Der Name Werden begegnet uns zuerst in der Urkunde vom 18. Jan. 799, in welcher ein gewisser Ludwin dem heil. Ludger einen Theil seines Erbes schenkt: tradidi omnem partem hereditatis meae in loco nuncupanto uuerothinum i. e. inter duos rivulos . . . unus vocatur diapanbeci (nW. Mòelembèke), alter vero in orientali parte est absque nominis appellatione (der vom Viehauser Berg durch die Neustrasze zur Ruhr flieszende Bach). In der Unterschrift hoiszt es: Acta est . . . in loco nuncupanto diapanbeci sivo uuerithina. (Lac. I. 11.*)

Nach dem Wortlaute der angeführten Stelle kann es keinem Zweifel unterliegen, dasz Werden soviel ist als Wert, Werder, ahd. warid, as. wurdh, ags. veardh „von Bächen umströmtes Land." Noch heute findet sich die Benennung Waert für zwei an der Ruhr gelegene Stellen, vergl. mhd. wort = Aue (am Wasser). Der Name diapanbeci kommt nur noch in vier kurz aufeinander folgenden Urkunden ver (Lac. 12, 13, 17, 19) und weicht den Bezeichnungen: uuerithina, uuerthina, uueridina, Uerdina, uuorduna, Werdina (J. 1024), Worthina (1036—1126), Worda (1248), Werdena (1370, in welchem Jahre Werden zur Stadt erhoben ward), Werden (1372).

Der heil. Ludger (as. liudī Leute und as. gèr, ahd. kèr, also „des Volkes Waffe, Schutz"), in den Urkunden Liudgerus, Lvitgerus. Livdgerus genannt, ein friesischer, edlem Geschlechte entstammter Glaubensbote, stiftete an der bezeichneten Stelle eine Pflanzschule für Missionare, noch auf fränkischem Gebiete („in ducatu ripuariorum" heiszt es in einer Urkunde vom J. 819), doch dem Sachsenlande unmittelbar benachbart.

Schon bald wuchs die junge Abtei durch Schenkung, Kauf und Tausch mächtig empor und gelangte, durch die Schutzbriefe und die reichen Privilegien Karls des Groszen und seiner Nachfolger (Lac. I. 26, 70, 76 u. s. w.) gefördert und geehrt, zu groszer Blüte. — In späterer Zeit von dem Damenstifte Essen und dem Groszherzogthume Berg eingeschlossen, umfaszte — abgesehen von den auswärtigen Besitzungen — die Herrschaft des reichsunmittelbaren Abtes die Stadt Werden, das Dorf Kettwig (bei Lac. I. 188: katwik, vielleicht aus Chattorum vicus, vergl. Kattenturm, alter Turm**) an der Ruhr in der Nähe von Kettwig), sowie 13 Honschaften (Hundertschaften); auf dem rechten Ufer: Hoisingen (nW. Hoïfenge, Lac. I. 6: „in silva, quae dicitur heissi", Lac. I. 48 (J. 834): hesingi); Brodenei (nW. Brènei alt Brodanaia, 1317 Bredenneige); Schuir (zu sprechen Schuer, Haus Schuir, zu ahd. sciura, mittellt. scurium = Hofgebäude für Vieh); Ikten (nW. Ekte, 1098 Eketha); Roszkothen (nW. Roskòte, Kòte = Hütte); auf dem linken Ufer: Kottwigor Kleinumstand; Oeft (Lac. I. 47: villa — Weiler — . . uuti, 1098 Ouethe);

---

*) Den Platz, auf welchem die Abteigebäude, sowie die Klosterkirche liegen, erhielt der heil. Ludger durch Schenkung vom 1. Mai 801. Lac. I. 19.

**) Hier soll Otto III., Sohn der Theophano, geboren sein. Beachtenswerth ist, dasz Otto interventu dilectae coniugis nostrae dem Abte Volkmar das Markt- und Münsrecht verleiht. Lac. I. 118.

Holsterbausen (nW. Holsterhûse, alt Holtseterhusen); Kleinumstand; Heidhausen (nW. Heïtse, alt Hethhusen); Fischlaken (nW. Feschlåke, Lac. I. 12, 13 u. ö.: fislacu); Hamm (eine oft vorkommende Ortsbestimmung); Rottberg (ahd. rot = angerodetes Land). Nach tausendjährigem Bestehen ward durch Reichsdeputationsrecesz im Jahre 1803 das Kloster aufgelöst und sein Territorium Preuszen zuerkannt. Infolge der Schlacht bei Austerlitz ward das Stift Werden von den Franzosen besetzt und blieb mit geringer Unterbrechung (1806) in der Gewalt derselben bis zum November 1813. Der Congresz zu Wien endlich wies das Groszherzogthum Berg und mit ihm Werden dem Scepter Preuszens zu.*)

Auf der Grenze zwischen Franken und Sachsen entwickelte sich innerhalb der angeführten Grenzen eine Mundart, welche der Lautverschiebung nach ganz auf dem Boden des Sächsischen steht, in vielen Punkten aber scharf von demselben sich scheidet. Dem Begriffe „Werdener Mundart" ziehen wir aber eine noch engere Grenze, als wir sie bei Bestimmung des Territoriums der Abtei angegeben haben. Im groszen und ganzen wird dieselbe durch folgende Linie bestimmt: von Oeft durch Holsterhausen, Heidhausen, Kleinumstand zum „Plätzchen" bei Velbert, von da durch das Hefelthal, in einem Bogen durch Hamm zur Ruhr, oberhalb des Hauses Scheppen; auf dem linken Ufer: von der „Nettlau" (Oeft gegenüber) durch Schuir (an Ikten, Roszkothen vorbei), durch Bredenei (bis zur Grenze von Rüttenscheid), die Essen-Werdener Eisenbahn entlang, bis Baldenei. (Die Bald. Mundart ist sehr stark mit sächsischen Elementen gemischt.) — Die Werdener Mundart erweckt, abgesehen von ihrer Lage zwischen zwei Völkerstämmen, unser Interesse, da wir uns zahlreichen Urkunden und den Fragmenten des Werd. Psalmencommentars die Lautverhältnisse derselben schon in altdeutscher Zeit kennen. Ueberdies steht uns zur Vergleichung das reichste Material zu Gebote. Ich erinnere nur an die as. Evangelienharmonie, als deren Verfasser Schmeller nicht ohne Grund einen as. Mönch des Werdener Klosters ansieht.

Vorbemerkungen.

Bei der Abfassung nachstehender Abhandlung wurden folgende Werke benutzt: Das „deutsche Wörterbuch" der Gebrüder Grimm: „Deutsche Grammatik" von J. Grimm: „Deutsches Wörterb." von Weigand, 2. Auflage; M. Heyne: „Kurze Laut- und Flexionslehre der altgermanischen Dialecte" und „Kleine altsächsische und altniederfränkische Grammatik"; dessen Ausgaben des Heliand, Beovulf, sowie der kleineren altniederd. Denkmäler"; Röttsches „Die Krefelder Mundart" u. s. w. in Frommanns Zeitschrift: „Die deutschen Mundarten" VI. Band S. 36 ff.; Humpert: „Ueber den sauerländischen Dialect im Hönne-Thal." I. Theil. Progr. des Kgl. Gymnasiums zu Bonn. 1876; O. Wenker: „Ueber die

---

*) Vergl. Jacobs in den Annalen des hist. Vereins für den Niederrhein. 1877. S. 20 ff. A. Schunken: „Geschichte der Reichsabtei Werden" S. 9 ff. Verhoeff: „Das Cartularium Werthinense". Münster 1848.

Verschiebung des Stammsilben-Auslauts im Germanischen". Bonn. 1876; Fuss: „Zur Etymelogie nordrheinfränkischer Provincialismen" II. Theil. Progr. der Rhein. Ritter-Academie zu Bedburg. 1877. — Lacomblet: „Urkundenbuch f. d. Geschichte des Niederrheins". IV Bände.
Folgende Abkürzungen sind angewandt worden:
ags. angelsächsisch; ahd. althochdeutsch; altfr. altfriesisch; altn. altnordisch; andfr. altniederfränkisch; as. altsächsisch; as. Gl. oder Gl. Arg. oder Glossen: altsächsische Glossen des Straszburger Codex C. 15. (bei Heyne: Kl. altniederdeutsche Denkmäler S. 89—91); Bald. Baldeneier Mundart; Beichte: as. Beichte (bei Heyne a. a. O. S. 83 f.); clev. clevische Mundart; Cott. Cottonische Handschrift des Heliand; Dem. Deminutivum; Ess. Heb. Essener Heberolle (bei Heyne a. a. O. S. 62); Freck. od. Fr. Heb. Freckenhorster Heberolle (bei Heyne a. a. O. S. 64—82); Werd. Fragg. Bruchstücke des Werd. Psalmencommentars (bei Heyne S. 59—61); Hel. Heliand (Heyne); Gl. Lips. Glossae Lipsianae (bei Heyne S. 40—58); Gr. Gr. „Deutsche Grammatik" von J. Grimm; Gr. W. „Deutsches Wörterbuch" von J. und W. Grimm; holl. holländisch; Kettw. Kettwiger Mundart; mhd. mittelhochdeutsch; mitteld. oder md. mitteldeutsch; mittell. oder ml. mittellateinisch; mnd. mittelniederdeutsch; mndl. oder mnl. mittelniederländisch; nd. niederdeutsch; nW. Werd. Mundart der neueren Zeit; nhd. neuhochdeutsch; niederrh. niederrheinisch; Ps. altniederfränkische Psalmen (bei Heyne S. 2—40); sp. später; srl. sauerländisch; — Croc. Heb. = Crecelius: „Index bonorum et redituum monasteriorum Werdinensis" . . . . . . Elberfeld 1864; Lac. Lacomblet „Urkundenbuch" u. s. w. — Werd. Heb. Heberegister A. der Abtei Werden, herausgegeben von Lacomblet.

Lautlehre.

A. Vocale.

§. 1.

Die Werdener Mundart weist folgende Vocale auf:
I. Kürzen: a, ä; i; e; u, ü; o, ö; ò, ô.
II. Längen: â, ao; î; ê; û, uo; ô, oe; ö, öe.
III. Diphthonge: au, äu; oi; eu, öu.
IV. Vocalverbindungen: äu; eï.

I. Kürzen.

§. 2.

a.

1) a gibt wieder in der Regel ahd., as. und andfr. a, ags. a, ä, ea: achter, Word. Heb. A. I: after — bier, as. aftar, ags. after; al schon, goth. alls ganz, allis überhaupt, gar; Balch, Bauch, goth. balgs Schlauch; Dracht zu draege, mhd. traht, a) so viel

man tragen kann z. B. Dracht Wäter, b) übertragen en Dracht Pröegel; fast (nicht
— beinahe), as. fast. ags. fäst: hat, as. hard: schtark. as. stark. ags. stearc. ahd. starah:
scharp. as. skarp; Tang. ahd. zanka. ags. und altfries. tange: warm, as. warm, ahd. waram,
ags. veurm. — Gekürzt ist es in: Brambal, ahd. brämberi, mhd. brämber. vergl. Bröm
§. 18. 1: Kasbér Stachelbeere, nach Gr. W. V. 247 = Käsebeere. vielleicht aber ist zu
denken an Entstellung aus kersebér = Kirschbeere (Reinke de Vos); Patsfleïsch, u. s. w.
zu Paet Pferd.

2) a entspricht ag. gebrochenem e in Wörtern. welche r verloren haben: baschte. ags.
berstan. andfr. berstan = gebrechen, ahd. prestan; te baschte zu Adjectiven und Verben
gesetzt, z. B. te baschte göt, sich te baschte ärgere, dazu Bascht = Spalte. Ritz: dasche
ags. therscan. abd. drescan; Gaschte, as. (Ess. und Freck. Heb.) gersta: Hatte, as. herta, ags.
heorte; Schtat, ags. steort. altengl. stert, mhd. sterz, davon Bekschtatsche = Bachstelze.

§. 3.
ä.

ä ist der Umlaut zu a: Rätsche. Dem von Rat; hädder, Comp. zu hat; fäls. fält
zu falle.

1) Aeltere Bestände: Ärf, as. erbbi, andfr. ervi, ahd. arbi; Bät, as. bed, ahd. petti:
Däcke, as. Gl. thecina; fertälle, a) sich f. = falsch zählen, b) — erzählen, as. tellian, ags. tellan,
ahd. zellan; gewänne trans. und sich g., ahd. giwenjan, mhd. gewenen, davon Gewände.
Gewohnheit; Färke, Schwein, ahd. farheli, mhd. värhelin, von ahd. farah, ags. fearh;
Färkeskék — sturrer Blick; Häl, goth. halja, ahd. und as. hellia; känne, as. kennian,
davon Käns in: utter Käns kömme = unbekannt werden; nätte zu nät, goth. natjan,
ahd. nezzan; sich räste, as. restian. abd. restjan, vergl. as. rasta Ruhelager u. Werd.
Onrast. jemand, der nicht Rast noch Ruho kennt: schäppe, as. skeppian, ahd. scephan,
dazu Schäp = Schöpfgefäsz: sätte, as. settian; twälf, as. twelif, ags. tvelf; sich wärme zu
warm, as. wermian. Gekürzt aus ae: Ättebuels zu aete, zunächst Speisebeutel, dann
übertragen: Wallfahrer, welche die Lebensmittel in groszen Beuteln mit sich tragen.

2) Neu entstandene Umlaute: Ärte, ahd. araweiz; Bärch, ahd. perc aus perac, as.
berg aus berag, ags. beorg; Härke, mnd. harke; hälpe, as. hulpan; Mälm, ahd. melm,
srl. Mulm; süs, ahd. sehs; Wäch, goth. viga, as. weg, ahd. wec; wäch, vergl. mhd. enwec
aus: in wec; Wält, ahd. weralt. as. werold, ags. vooruld. — Hämt Hemd, as. hamo — Kleid
überhaupt; färm fest, zu Zeitwörtern mit der Bedeutung bauen, schlagen gesetzt, vergl.
as. firmön; lücke, as. likkön, ags. liccian; märke merken, as. und ahd. markön, ags.
mearcian; Schärvele Pl., ahd. scirpl, mhd. und md. scherbe.

§. 4.
i.

i findet sich 1) in Stammsilben, älteres i oder î wiedergebend: Flitscho, kleine
Handspritze aus Blei oder Holz, ein Kinderspielzeug; witsich zu as. wittig — kundig, in
der Werd. Mundart gewöhnlich in übler Bedeutung: sich bemerkbar machend, sich vor-
drängend, z. B. sich witsich mäke (wer Witze machen kann, heiszt schpassich); niks, mhd.

nihtes niht; Ifor, as. und ahd. isarn; linne, as. und ahd. linin. — Aus i gekürzt: Diksko, Dom. zu Dik, Pipke zu Pipe Pfeife; gliks dröp = gleich nachher und te gliks = zu gleicher Zeit, beide zu glik gleich, vergl. ahd. kalich; bister, vom Wetter gesagt = unfreundlich, regnorisch, holl. bijster, schwedisch bister, und ferbistert vom Geiste = verwirrt; Fifsich (aber fif fünf) as. (Ess. Heb.) viftech. — Ursprüngliches i ist bewahrt in Kis, Kifelschtoïn, mhd. kis, kisel, ahd. chisil.

2) in den Ableitungssilben — ich, as. — eg, — ig; — lich, as. — lik, ahd. — lich; — isch, as. — isc: hoïlich, as. hêlag; fröuntlich, ahd. friuntlich; kolnisch, as. kindisc u. s. w.

<h2 style="text-align:center">§. 5.
o.</h2>

1) e steht, wo ä zu erwarten wäre: denke, as. thenkian, ahd. denchan; Engel, as. engil; Enkel, ahd. anchal und enchil, mhd. onkel; Henkeman. blechernes mit einem Bügel zum Tragen versehones Doppelgefäsz, in welchem den Arbeitern das Mittagessen gebracht wird, mit Hong = Henkel zu ahd. henchan, mhd. henken; Kettel Kessel, goth. katils, ahd. chezjil, Word. Hob. A. I: suo ketile; Leppel, ahd. lefil; mengo, as. mengian, ahd. mangjan; Nettel in Bränettel = Brennessel, ahd. nezzilâ, ags. netele, davon Nettelföver.

2) o ist geschwächt aus eg. i: a) vor geminirter Liquida: gowenne, as. und andfr. ge-winnan; Hommel, as. und ahd. himil; schponne, ahd. und ags. spinnan, dazu Schpon, ahd. spinnâ, Schpennegewäps, ahd. spinnaweppi, Schpenûl (Ûl = Eule), scherzhafte Benennung für pfiffige Kinder. b) Liquida mit Muta: Kerke, ahd. chirihhâ, Croc. Heb.: kiricland, altfries. kerko; Schelt, as. skild; Solver, as. silubhar; sengo, as. singan; senke, as. sinkan; twengo, as. bi-thwingan = bedrängen. c) vor folgenden Muten: better, as. bittar; Modde, andfr. midda; met, as. mid; net, mhd. niht; Schep, as. skip; Wecht, Mädchen, as. wiht = ein Ding, etwas. d) vor andern Consonanten: Dosch, as. disk, ahd. tisc; Fesch, as. fisk; sevensich, as. sibhuntig; Donstach, mit eingeschobenem n, ags. tivesdäg, der dem Gotte Zio geweihte Tag (Woig.). — Morke: kenne, as. nigên, mhd. keir.

3) e ist ferner entstanden aus altem io, iu: Dopde, andfr. diupitha, vorgl. as. diop; Locht, as. lioht.

4) Im Prät. der st. Verba: feng, Werd. und as. Denkmäler fêng, andfr. fiong; geng, as. gêng, andfr. giong; heng = hing, as. oder andfr. Prät. nicht nachweisbar.

5) Alle Vocale sind endlich in unbetonten Silben zu o geschwächt. Dieses e klingt im Auslaute wie ein ganz dünnes ä.

<h2 style="text-align:center">§. 6.
u.</h2>

u erscheint selten; wo es sich findet, gibt es in der Regel ag. û oder u wieder: Buk, ahd. pûh, andfr. bûk; butte Präp., ter butte Adv. drauszen, as. bûtan, aus bi-ûtan; Huste, aufgestellter Getreide- oder Heuhaufe, mhd. hûste (Woig.); lustere, lauschen zu as. hlust, das Lauschen, Gehör, ahd. hlûstrên, mhd. lûstern. Gr. W. VI, 361; Luttor = nhd. Luttor, Luttorfât, zu ahd. hlûtar, as. hluttar, hierzu Adv. lutter = nur, z. B. lutter Äppel; auch = immer, oft, z. B. lutter dön = oft, regelmäszig, immer thun.

Sup, Suppe, mhd. und md. sûf. Auszerdem Jucker = Schaukel, nach Gr. W. IV, 2, 2347 zu jucken; Schufkâr, zu schûve, holl. schuifkar.

§. 7.
û.

û Umlaut von u: Bûk, Plur. von Buk; Sûpke, Dem. von Sup. Es gibt wieder ag. û mit folg. i und iu: Bûl, Beule, mhd. biule, ahd. pûli (Graff IV, 773); düster, as. thiustri; dütsch, dütsqhe Woot mâke = jomandem scharf und verständlich einen Vorweis geben, zu as. (Glosson) thiudisc, ahd. diutisk; Krûts, as. krûci, ahd. chrûzi; Lûk = Lüttich, flämisch Luyk, in mehreren Wendungen. So heiszt es von einem groszen Betrüger, er betrüge Lûk òn Hambòrch; scherzhaft sagt man von einem langen Faden, man könne mit ihm Lûk òn Hambòrch anenäuner noie (nähen); Lûckewâler nennt man die wallonischen Ziegelbrenner, ihre Sprache lûckewalsch.

§. 8.
o.

Mit o bezeichne ich den kurzen offenen o-Laut = o in Tochter.

1) Aeltere Bestände: Bok, ahd. pocch, mhd. boc; of a) = ob, b) = oder bei Zahlwörtern, ahd. opa, älter upa, mhd. obe; Nòborbot, welcher in den früher bestehenden Verbindungen der einzelnen Nachbarschaften die Botendienste verrichtete, as. bodo, ahd. poto; dazu botschafte gòn = Botendienste verrichten, vergl. as. bodskepi; Dochter, ahd. tohtar, as. dohtar, goth. dauhtar; Hof, as. hof; Honnich, andfr. honeg; fot, as. fordh, andfr. forth; Kop Kopf, ahd. choph = hohlrundes Trinkgeschirr, mhd. kopf auch = Schädel; Ollich, andfr. (Ps.) olig; Schtok, ahd. stocch, mhd. stoc; Top, oberste Spitze des Zweiges, der obere, biegsame Theil der Angelruthe, altfries. top, altn. toppr = oberste Spitze, nhd. Zopf.

2) Gibt o wieder ag. u: Doscht, as. thurst, ahd. durst, davon doschterich, ahd. durstac; kot, ahd. churz, mhd. kurz.

3) Merke noch: bol bald, ahd. Adv. paldo, mhd. balde = ungestüm, kühn, schnell. Gekürzt in Odder = Befehl, z. B. Odder brenge, zu franz. ordre.

§. 9.
ò.

Umlaut von o: Bòk, Pl. von Bok; Schtòk, Plur. von Schtok u. s. w.; Köpke, Dem. von Kop, Höfke von Hof. Vokalkürzung hat statt in: Schlöpke zu Schlòp, Schöpke zu Schòp, Schtrötsche, auch Eigenname, hd. Stroetgen, zu Schtròte, nhd. Strasze. Erhalten ist die alte Kürze in: Dröpke, Dem. zu Dròpe, Lòkske, Dom. zu Lòk. Bedeutung §. 18, 2, b. — Hierher gehören auch die Verbalformen ròts, ròt zu ròe rathen. — Merke ferner dòrch, as. thurh, andfr. (Ps. und Werd. Fragg.) thurug, thuru (o), ahd. duruh; dör, ahd. durri, mhd. dürre zu andfr. thurritha Trockenheit; Höllentor, ahd. holuntar, mhd. holunter. Gr. W. IV, 2, 1762; Örgel, ahd. orgelâ (11. Jahrh.), mhd. orgele; sich öschole = sich Unruhe und Sorgen machen.

§. 10.
ð.

ð drückt den geschlossenen kurzen o-Laut aus = o in Sonne.

1) Aeltere Bestände sind: dòl = toll, ahd. tol = thöricht; Fòlk = Gesindel, aber in der Umgegend von Werden = Gesinde, so Folksschtöf = Gesindestube; wònne, as. wonòn; Wòlke, as. wolkan.

2) Nou entstandene Brechungen: Bòtter, sp. ahd. butrâ, ags. butere, engl. butter; davon Bòtter-am, — am aus ambet, holl. boterham; Dem. Bòtterämke; dònkel, as. dunkar, andfr. duncal; jònk, as. jung; jònk waore = geboren werden; kòmme, Werd. Fragg. und as. kuman, ags. cuman, ahd. queman; Kòs, as. und ahd. kus; Lòtterbâk, Familienname = Lauterbach, zu Lutter §. 6; Òndòcht, einer der nicht taugen will, zu as. dugan; Ònrächt, as. und ahd. unreht; en aller Òchte = in aller Frühe, goth. uhtvô, as. uhta, ahd. uohtâ, ags. uhte; òp, as. und andfr. up; òs, Dat. und Acc., as. us, ahd. uns; òfe = unser, as. usa, andfr. unsa, ahd. unsar; — sòcht in: Falsòcht = Epilepsie, Schwensòcht = Auszehrung, as. und ahd. suht = Krankheit; Schtònt, as. stunda, ahd. stunta; Sòmmer, ahd. und as. sumar; Sòn, as. sunna; Tòng, as. tunga. Als Ablaut: drònk; bòlp; klòm zu klòmme, s. §. 11; schròk = erschrak; schtòrf; schwòm; sòng; sònk; tròk; tròf; twòng; wòrd; vergl. hierzu die as. Prät.-Stämme: drank-, drunk-; halp-, hulp-; starbh-, sturbh- u. s. w. — Ò ist gekürzt aus ô in: Geschpòks = Gespenst, zu schpöke, sonst niederd. spok.

§. 11.
ö.

ö ist der Umlaut von ò: Kòsse, Plur. von Kòs; jònk, Comp. jönger; schtörf, Conj. von schtörf. ö entspricht

1) ag. u mit folgendem i in: dönke, unpersönlich gebraucht wie im Nhd., as. thunkian; dörve, as. thurbhan, ahd. durfan, mhd. dürfen; Görtel und Gürtel, älter Geddel, vergl. andfr. gurdan, ahd. kurtil, mhd. gürtel; kösse, as. kussian; nötter, in Wendungen wie nötter net gedòn hävve = besser unterlassen haben, zu ahd. nuzi, nuzzi, mhd. nütze; Pòt = Brunnen, lat. puteus, ahd. puzzi, ags. pyt, andfr. putte; Schtök, as. (Freck. Heb.) stukki, ahd. stucchi; Schöttebân = Schützenbahn, mhd. schütze, altfries. skutta für skuttia; ût-schödde = ausgieszen, zu as. skuddian, ahd. scutjan, scuttan, mhd. schütten = schütteln; Wörfel, sp. ahd. worfil, mhd. würfel zu ahd. wurf.

2) andern ag. Vocalen: a) u: sös = sonst, südwestfälisch sûs, as. sus = so, so sehr; ebenso ömmesòs = umsonst. -- b) i: dòckes = oft, vielleicht zu dick, also eigtl. = dicht neben einander, oft, vergl. as. thikko = dicht, zahlreich, ahd. diccho, auch = oft; fòl, ahd. und andfr. filu; gòt = ihr, Plur. zu dû, der as. und ags. Dualform git entsprechend; òm = ihm und ihn, vergl. as. imu bez. ina; ònk, der Dat. und Acc. des ungeschlechtigen Pron. der 2. Person, as. ink, ags. inc; ònke = vester, as. inka; klòmme, ags. climban, ahd. chlimban, mhd. klimmen; òt, gebraucht, wenn die Neutra Fraumensch, Wecht vorhergehen, zu as. it; „es" heiszt sonst et. — c) io: löchte, as. liohtian, ahd. liuhtan;

2

Löchte = Laterne, mhd. liuhte; ömmer, ahd. iomêr, mhd. imer aus iemêr; verstärkt: ömmer tûschûr (toujours) fot. — d) o: för-an = voran, as. und ags. foran = vorn. — Durch Vereinfachung ist ö entstanden in: Söster, ahd. und as. (Beichte) suostar, engl. sister; tösche, ahd. in zwiskön, mhd. zwischen, md. schon zuschen.

II. Die Längen.
§. 12.
â.

Das â der Word. Mundart ist durchgängig aus ag. a gedehnt: bûte = nützen, gelängt aus baten (mehrfach im Reinke de Vos), schon goth. gabatnan, nur im Inf. und in der 3. Sing. in Ausdrücken wie: dat bat, et bat gebräuchlich; betâle = bezahlen, as. talön, ahd. zalön; Fâr, Fâder, as. und andfr. fadar (vergl. §. 38, 2); Fât, Bald. Fat, as. fat, ahd. faz; Gâtertsschpêl, Spiel der Mädchen mit Schafknöcheln (Gâtertsknöke); die Lage der Knöchel im Spiel, in der dieselben mit der Höhluug nach oben liegen, heiszt auch Gâterts, zu as. gat = Loch; Hâmer, as. hamur; Hâver, as. (Freck. Heb.) havero, ahd. haparo; Krûnekrâne, a) = Kranich, as. (Gl. Arg. 69) crane, ahd. kranuh, b) ein Spiel, bei welchem die Kinder sich an die Hand fassen, im Kreise drehen und singen. Gr. W. V, 2021, 4. b; Kâf, mhd. kaf, ebenso einigemal im Reinke de Vos: Lâke, mhd. und as. lakan, ahd. lahhan; Bûtlâke = Bettuch; Lâkendök = dunkler, glatter Tuchstoff: lâte = spät, zu as. lat, ahd. laz = träge, als Adv. spät: mâke. as. makôn, andfr. macôn. dazu Fermâk hâvve = Zeitvertreib haben: plâckebâres = nackt im Sinne von barfusz. as. bar; Sâko, as. saka. ahd. sahha; sich schâme, vergl. andfr. scama = Scham; Schâp = Küchenschrank, as. skap = Gefäsz; schmâl = schmal, auch = gering. z. B. Schmälhans Köeke (Küche), wo es spärliche Kost gibt, vergl. as. smal; tesâme, as. te-samne; Wâk, de Wâk hâule = die Wache halten, vergl. ahd. wacha (wackerich = wach); Wâter, as. watar, ahd. wazzar. Nach Ausfall von r ward a gedehnt in: Gâde, ahd. karto, as. gardo: Tâte, spätlat. terta.

§. 13.
ae.

ae, Umlaut von â. klingt wie ae in gebaeren: Haemers, Plur. von Hâmer; Gaedes, Plur. von Gâde: Schömacker = Schuhmacher, zu mâke. Es gibt wieder: 1) ag. gebrochenes o: aete, Kettw. ête. Bald. ätten. as. und andfr. etan, ahd. ezan; Blaek, ahd. pleh, nhd. Blech: baee, as. und andfr. bedön, ahd. petön; gael, ahd. und as. gele: gaeve, as. gebban, andfr. und kleinere as. Denkmäler gevan, dazu Gaefhöchtît = Gebehochzeit; knaee, Bald. knêe, ahd. knetan; laeve, goth. liban, as. lebbön, ahd. lepên; waeve, ahd. wepan, ags. vefan; Mael, ahd. melo; maete, as. metan, ahd. mezan; naeme, ahd. neman; saegene, ahd. seganön; Saege, ahd. segan = Anwünschung von Gutem; schaere, ahd. sceran; sich schaere = sich fortmachen; wat schaert di dat? = was geht dich das an? schpraeke, ahd. sprehhan, as. und andfr. sprekan; sich waege = sich bewegen, ahd. wekan, ags. vegan, dazu Waech in: utter Waech gön = Platz machen, aber Wäch = Weg; Wackelter (Ton auf ae), mhd. wechalter, nhd. Wachholder. Nach

Ausfall von r: Aet, as. erdha, ahd. erda; Faer, andfr. fethera; Faersche = Forse, andfr. forsna; gaen = gern, ahd. gerno; Schtaen, a) = Stern, as. sterro. ahd. sterno, b) = Stirn. mhd. stirne; Paet, ahd. parafrid, Reinke de Vos pert, aber Dom. Patsche = Pferdchen.

2) selten ag. umgelautetes e: naegele, as. neglian; Naegelsche = syringa vulgaris, mhd. negelîn; taere = auszehren (intr.), as. terian (trans.), dazu Taerông, die Auszehrung.

3) vereinzelt ag. a: draege, rheinfränkisch drâge, as. dragan, dazu Draech = Tragbahre; Aester, durch Ausstoszung der Consonanten und Zusammenziehung der Vocale verstümmelt aus ahd. âgalastrâ, as. Gl. 80 âgastriun, mhd. elster, dazu Aesterouch = Hühnerauge; ag. î, i: klaeve, as. bi-klîbhan, andfr. clivôn = festhaften.

§. 14.

i.

1) i entspricht fast ohne Ausnahme goth. ei, ahd., as. und andfr. i: Bîfe, Maertsbîfe = stürmische Märzschauer, andfr. bîsa (Gl. Lips.) = Sturmwind, Nordwind; von demselben Stamme bîfe, vom Vieh auf der Weide gesagt, welches von der Hitze oder von stechenden Insecten geplagt, wie wüthend hin und herläuft, ahd. bisjan, mhd. bisen (vergl. Woeste in der „Zeitschr. für deutsche Philologie" V, 80); bîte, ahd. bîzan, as. bîtan, dazu Bîterkes = Zähne; Dîk, md. tîch, sp. ahd. dîch = Strudel, mhd. tîch, Dem. Dikske = kleiner Teich; drîve, ahd. trîpan, as. drîbhan; glîk a) = gleich, gleichgiltig. b) Adv. sogleich, goth. galeiks, ahd. Adv. galîho, as. gilîco; île, ahd. îllan, as. îlian: îgel, ausschliesslich in der Bedeutung nur, lauter, z. B. îgel Goult, vergl. as. îdal, ahd. îtil = leer, nichtig; kîne, ahd. chînan, as. kînan; krîte, vom St. kri = schreien, vergl. nhd. kroischen, kreiszen (Gr. W. V, 2164), mhd. (selten) krîzen = scharf oder laut schreien, davon krîterôt = feuerroth, krîtesûr = ganz sauer, Krîtschwalf = Turmschwalbe; auch vom Speck, welches in der Pfanne gebraten wird, heiszt es: et krit; Lîf = Leib, ahd. lîp, as. lîf = Leben; Lîk = Leiche, goth. leik, ahd. lîh, as. lîk; Pîn, ahd. und as. pîna; Pîpe, ahd. pfîfâ, ml. pipa, Dem. Pîpke; rîp = reif, ahd. rîfi, as. rîpi: schplîte, bes. in der Wendung: eine schplîte = Geld zusammenlegen und für dasselbe geistige Getränke kaufen, md. splîzen, altfries. splîta; schmîte = werfen, goth. smeitan, ahd. smîzan = an etwas werfen, schmieren; schlîe = die Bahn schlagen, ags. slîdan = gleiten, fallen, s. Schlêe §. 15. I, 4; schnîe, goth. sneithan, as. snîdhan, davon Schnîtâu = Schneidebank für Viehfutter u. dgl.; schrîve, as. skrîbhan, andfr. scrîvan, dazu Schrîves = Geschriebenes, schriftlicher Ausweis; schtrîke = streichen, bügeln, ahd. strîhhan, mhd. strîchen; sîch = niedrig, zu as. sîgan = niedergehen, mhd. sîhte, sîht, nbd. seicht; Tît, ahd. zît. as., andfr., ags. tîd; Wîf, ahd. wîp, as. wîf; Wîn, ahd., as. und andfr. wîn. Durch Zusammenziehung entstanden: Bîl, ahd. bihil, schon mhd. bîle, bîl.

2) selten ist î aus ag. i gedehnt: fîf, ahd. fimf, as. und andfr. fîf; fîfte, ahd. fimfte, as. fîfto; Îm = Biene, ahd. impi Bienenschwarm. mhd. imbe, imme.

3) Nîsmänneke = junges Kalb, vergl. berg.-märk. Mundart Nûfeken, Lockruf für Rindvieh. An Verwandtschaft mit mhd. nôz, ahd. nôz, altnord. naut = Hornvieh ist nicht zu denken.

§. 15.

ô.

I. ê gibt wieder 1) goth. ai, ahd. ô und oi, as. und andfr. ô (ei): êr, goth. airis, as. êr; dazu wan-êr, a) = noulich, b) = wann (in der Frage); frêt, a) hart (von Speisen). b) herb (von Getränken), c) von einem Menschen gesagt, welcher viel aushalten kann, vergl. as. wrôdh, ags. vrâdh; Krêt, zu krīte, s. §. 14, 1; lêre, goth. laisjan, ahd. lêran, as. und andfr. lêrian; ek sal dī lêre = ich will dir! Fêfo, Familienname, Ess. Heb. Vêhûs, Lac. 266 Fivhvson, in einer Urkunde von 1317 Veyhus, zu Fê, also = Viehof: rêre, a) vom Brüllen der Kühe gesagt, b) überh. = laut rufen, ahd. rêren, ags. rârian, vergl. nhd. röhren; twê, ahd. Neutrum zuei, as. twê; Têwe, ahd. zêha. — Ablaute: bêt, drêf, grêp, blêf, schên, schrêf, schlôt, schtêch, vergl. hierzu die as. Prät.-Stämme: bêt-, drêbh-, grêp-, bilêbh-, skên-, skrêbh-, slêt-, stêg-. Verlängert erscheint ô in Nêvel, as. nebhal, ahd. nebul; dazu Nêvelskappe = enganschliessende Frauenmütze ohne Verzierung: tên, goth. taibun, ahd. zehan, as. tehan, ags. ten. — Auf rnd. dreis geht zurück Drêsch = brachliegendes Feld, auch als Adjectivum gebraucht, vergl. mittelniederl. drêsch = Berg-waldung mit Viehtriften.

2) as. durch Contraction entstandenes ê, ahd. ia, ie: Brêf, ahd. briaf, as. brêf; die Präterita: fêl, hêl, hêf, lêt, rôt, schlêp, schtêt. Vergl. hierzu die Prät.-Stämme: as. fêl-, andfr. fiel-, ahd. fial-; as. hêld-, andfr. hield-; as. hêw-, andfr. hiew-; as. lêt-, cod. Cott. des Hol. und andfr. Ps. liet-; as. rêd-, Cott. riod-; zu schlêp vergl. ahd. sliaf-; zu schtêt stelle ich ahd. stioz-, da das as. und andfr. Prät. fehlt.

3) ahd. ia, io; as. io; andfr. io, ie: dêne, ahd. dionôn, as. thionôn; dêp, as. diop: fêr, as. fior; fêrde, as. fiordha; flêge, andfr. fliogan, ahd. fliokan; ferlêre, ahd. farliosan: gête, as. und andfr. giotan, ahd. kiozan; lêf, ahd. liof, as. liop; Sêkenhûs, Stelle in Rüttenscheid (zwischen Werden und Essen) mit alter Capelle, an der früher ein Krankenhaus für Pestkranke sich befand, vergl. as. siok, ahd. siuh. · Im Präteritum: lêp, ahd. hliaf. as. hliop, andfr. Ps. liop; rêp, as. hreop, hriop, Ps. riep, ahd. hriof.

4) ag. i: bêve, das biblôn, andfr. bivida = das Zittern; Gêvel = Giebel, zu goth. gibla = oberste Spitze, ahd. kipil; Schlêe, zu schlîo, ahd. slito, s. §. 14, 1; schtêken-düster, eigentlich so finster, dasz man die Dunkelheit durchstechen kann; Schtêk, ahd. stih, mhd. stich; nêge, as. nigun, ahd. niun; Bêr, ahd. pirâ, mhd. biro, davon Bêrem-boum; — ahd. â: Kês, as. kêsi, ahd. châsi; — ahd. a: Bêke, ahd. pah, in Zusammen-setzungen theils -bäk, theils -bêke. So Wolfsbêke, aber Paeperbäk; — ags. û: Êr, ags. ûder.

II. Auszerdem findet sich ô in: Kênmelk = Buttermilch, zu goth. -qairnus, ahd. quirn, mhd. quern, kern = Mühle (Butterkorne); Fêkel = Schlafstelle der Hühner, die, in einiger Entfernung vom Boden angebracht, durch eine kleine Leiter erstiegen wird. Wooste vergleicht hierzu as. ferkal = obex. — Schlieszlich zeigt ô die Endung — êre, nhd. ieren (iren): aksersêre = exorcieren; monêre = ermahnen; parêre = gehorchen; passêre = passiren; schpatsêre = spazieren.

§. 16.
û.

û gibt durchgängig wieder ahd., as. und andfr. û: Brût = Braut, as. brûd, ahd. prût = Gattin, Frau; Bûr = Bauer, ahd. pûr = Kammer; Dûr, zu mhd. dûren, türen, z. B. ôppe Dûr = auf die Dauer; fûl, ahd. und ags. fûl; Fûst, ahd. fûst; Krûke, as. (Ess. Hob.) crûka; Krût, ahd. krût, as. krûd = Unkraut; Krûtwêî, Kräuterweihe; Lûke = Thûr im Fuszboden zum Abschlieszen des Kollers und Speichers, zu ahd. lûhhan, as. lûkan = schlieszen; Lûn, mhd. bei Walther lûne (vergl. Wackernagel in Gr. W. VI, 344); lûre, lauern und ein Schläfchen halten (Gr. W. VI, 304); Mûl, ahd. mûla; Mûlûpe = Maulaffe (vergl. Andresen: Ueber deutsche Volksetymologie, Seite 7); pûste, nhd. pusten; ûttem Pûst kömme = auszer Athem gerathen; sûr, ahd. und ags. sûr, als Substantivum = Essig; Schûr = Regenschauer, as. skûr, ahd. scûr; schûve, goth. skiuban, ags. scûfan, altfries. skûva; tûte, goth. thuthaurnjan; Tûthôn, goth. thuthaurn. (Vergl. hierzu Gr. W. II, 1770).

§. 17.
uo.

uo, der lange û-Laut, ist der Umlaut von û, z. B. Fueste, Plur. von Fûst. Uo entspricht ag. iu oder û mit folgendem i: Buol, ahd. bûtil, mhd. biutel, dazu buolo, mhd. biuteln, und Buelkasto; duor, as. diuri, ahd. tiuri; Duuvel, ahd. tiufal, as. diubhal, andfr. diuvil; Fuor, ahd. fiur; Kuelengskop, vergl. md. kûle aus mhd. kugele, a) Kaulquappe, wegen des kugelartigen Kopfes so genannt, b) übertragen = dummer Mensch; kueme = seinen Schmerz oder seine Trauer durch unterdrückte Laute kundgeben, ahd. chûmjan, as. kûmian = beklagen, vergl. ahd. chûmo = kaum; luee = läuten, ahd. ar-hlûtjan, as. a-hlûdian = laut machen, kund thun; Pluom = Troddel an der Mütze, zu mhd. phlûme = Pflaume, davon Pluemmötsche = Mütze mit einer Pluem; schueme, zu Schûm, a) schäumen, ahd. scûman, b) Schaum machen, c) abschäumen, z. B. Fleischbrühe (vergl. Schuemleppel). — Gedehnt ist es in druoge, trans. und intrans., ahd. truchanan; Kuove = Kübel, vergl. ahd. chubilin (Gr. W. V, 2485). — Auszerdem zeigen uo: buore = miethen, ags. hyrian, schwedisch hyra; davon Huerlenge = Miether; Uelke = Iltis, märkisch ûlk, borgisch ûllekatte, Hildesheimer Mundart ilk (Woeste), verstümmelt aus ahd. Uodalrih, Ûlrich = des Hofes Meister, nhd. Ulrich; Tuetebâl (bâl = Ball), desselben Ursprungs wie Tûthôn (s. §. 16), kleines, ein Quadrat bildendes Netz, an dessen Spitzen zwei sich kreuzende Eisenstangen befestigt sind. An dem Kreuzungspunkte derselben ist eine biegsame Stange angebracht.

§. 18.
ô.

Die Aussprache des langen offenen o-Lautes ist wie die des o in franz. corps.

ô gibt wieder 1) goth. ô, ahd., as. und andfr. â: Brôm, ahd. prâmo = Ginster; davon die Eigennamen: Brômkaump, Brômslpe (Slpe = enges Waldthal, von dauernder Nässe durchzogen), ferner Langombrôm, ein Zechenname; Blôs, Blase, as. Gl. blâsa; brôe, ahd. prâtan; Gefôr = Gefahr, vergl. as. fâr = Nachstellung, ahd. vâr; gôn, ahd.

gân, vergl. die Redewendung: ten ûtgônden Dach = zum künftigen Frühjahr; Hôr, ahd. und as. hâr; nô, goth. nêhv, as. nâh, ags. neah; lôte, goth. lôtan, ahd. lâʒan, as. lâtan, ags. laetan; Nôtel, goth. nôthla, ahd. nâdila, as. nâdla; Mônat, goth. mônôths, ahd. mânôd; Mônt, ahd. und as. mâno; Rôt, ahd. rât, as. râd; dazu rôo; sôch = sah, vorgl. as. Prät.-St. sah-, sâh-; schlôpe, as. und andfr. slâpan, ags. slaopan; schrô = mager, mhd. schrâch; Schrôleinor, ein mager aussehonder Mensch, zu Launt = Land, Feld; Schprôk, ahd. sprâhha, as. und andfr. sprâka, ags. spraec; Schtrôte, ahd. strâʒa, as. strâta; Sôt, goth. sêths, ahd. sât; Sôtersdach, as. Sâterosdag (?), ags. Sacternes dâg, engl. Saturday, lat. Saturni dies; Wôch = Wage, mhd. wâge; wôr, ahd. und as. wâr.

2) Gedehnt aus älterem o: a) vor ausgefallonem r: Bôt = Bret, as. bord, auch = Saum an Kleidungsstücken, Besatz, ahd. porto; davon beedo (s. §. 19); Dôn, ahd. dorn, as. thorn; Hôn, andfr. horn; Kôn, as. korn; Pôte, as. porta; om Pôthof, Stelle in der Nähe der alten Abtei; Wôt, ahd. wort, as. word. b) auszerdem: Drôpe = Tropfen, andfr. dropo; Lôk = Loch, ahd. loh, ags. -loca = Verschlusz, vergl. Lûke §. 16; Kullôk, beide Theile bedeuten Loch; Kôte Masc., nhd. aber die Katho, ags. cote = Hütte, früh md. kote (Gr. W. V, 1882, 2); lôve, ahd. lobôn, as. lobhôn; ôpe, as. opan, ahd. offan; ôpe Waer = Winterwetter ohne Frost und Schnee.

3) Durch Contraction entstanden: Bôm, as. bodom; schlôn, ahd. und as. slahan.

4) Einzeln: Kôvel = Käfer, ahd. chevar, andfr. kever; Meikôvel = Maikäfor.

§. 19.

oe.

oe, der Umlaut von o, klingt wie franz. eu in fleure: Boem, Pl. von Bôm; boedo = mit einem Bôt (nhd. Borto) besetzen; Droet, Plur. von Drôt = Draht; Häkschtrootor (zu Häkschtrôte = Heckstrasze), scherzhaft von einem schwachen Kaffee gesagt; Koeter, Bewohner oinos Kôto, zu §. 18, 2, b; noeger, Comp. zu nô; dazu sônoekes, oigtl. so nahe, dasz man es (deutlich) sehen kann, also = beinahe; oedo, zu mhd. ort = Spitze, as. ord = Waffenspitze, mit dem Ort (Ahle des Schusters) ringsum die schadhaften Sohlen ausbessern; Schtoenorts, Benennung beim Gâtortschpôl (s. §. 12), wenn die Knöchel stehen; schtoeler, Adj. zu Schtôl = Stahl; Troeno, ohne Sing., ahd. trahnî, as. trahnî und trahanî.

§. 20.

ô.

Der lange geschlossene, dem u-Laute naholiegende o-Laut gibt wieder: 1) a) goth. ô; as. ô; ahd. uo; b) goth. au, u; ahd. ô, ou, u; as. ô. Die andfr. zur Vergleichung herbeigezogenen Beispiele zeigen nur zufällig uo; haben doch die Werd. Denkmäler immer, die übrigen andfr. oft (nur vor Gutturalen und Labialen nicht) ou (goth. au) zu ô verdichtet (S. Heyne: Kl. as. und andfr. Grammatik. S. 16, §. 11). Beispiele: a) Ablaute in drôch, as. Prät. drôg, ahd. truoc; fôr, as. Prät. fôr, ahd. fuor; grôf, as. Prät. grôbb, ahd. kruop; schlôch, as. Prät. slôh, ahd. sluoc, vergl. hiorzu die goth. Formon: drôg, fôr, grôb, slôh. Sonst: Blôm, ahd. pluomo, as. blômo; Blôt, ahd. pluot, andfr. bluod, as. und ags. blôd; Bôk, ahd. puoh, andfr. buok, as. bôk, auch = Buchecker; Brôer, goth. brôthar, ahd. pruotar,

as. brôdhar; Fôt, ahd. fuoʒ, andfr. fuot, as. und ags. fôt; Gônsdach = Mittwoch, ags.
Vôdnes dâg, der dem Wodan, ahd. Wuotan, Wôtan geheiligte Tag; Kô, ahd. chuo, as. (Fr. Heb.)
kô; Môs = Mus, andfr. muos, as. (as. Beichte) môs; Schtêlmôs = Rûbstiel; rôpe,
ahd. hruofan, andfr. hruopan, ags. hrôpan; Schô, ahd. scuoh, andfr. ge-scuoe = Schuhwerk,
as. skôh. b) Brôt, ahd. prôt, as. brôd; grôt, ahd. grôʒ, as. grôt; Lô, Bleichplatz an
der Ruhr, ahd. lôh, mhd. lôch = niedriges Buschwerk; schtôte, goth. stautan, ahd. stôʒan,
as. (As. GL) te-stôtan. Als Ablaut: bôt, goth. baud, bud-; as. bôd, bud-; ahd. pôt, put-;
lôch, as. lôg, lug-; ahd. loug, lug- u. s. w.
2) as. a, â; ebenso ahd.; goth. a, ô: brôk, as. brak, brâk-, ahd. prah, prâh-, goth.
brak, brôk-; gôf, as. gabh u. s. w.; fer-gôt, as. for-gat u. s. w.: lôs, as. las u. s. w.;
nôm, as. nam u. s. w.; môt, as. mat u. s. w.; ôt, as. at u. s. w.; schprôk, as. sprak u. s. w.;
schtôl, as. stal u. s. w.; schtôk, as. stak u. s. w. ; trôt, ahd. trat u. s. w.; drôch, as. trag u. s. w.

§. 21.
ôe.

ôe ist Umlaut von ô: Brôers, Plur. von Brôr; klôeker, Comp. zu klôk = vernünftig,
schlau; net klôk = unvernünftig, nicht bei Sinnen; Schtôefke, Dem. zu Schtôf; schtôek,
Conj. von schtôk, s. §. 20, 2.
1) Aeltere Bestände: a) ahd. und andfr. ô, uo, as. ô mit folgendem i; ags .y, ô, ea;
mhd. û, oo: blôet = blöde, ahd. plôdi, ags. blôdhi, ags. bloadh, mhd. bloede; fôele =
fühlen, vergl. ahd. ga-fuoljan, ags. ge-fêlan = iune werden, mhd. vüelen; sich ôpfôere =
sich betragen, zu ahd. fuorjan, as. fôrian, mhd. füeren; Gedôens = Lärm, vergl. mhd.
doenen = singen, spielen, zu dön; Gedôens mâke = Aufsehen mit etwas Nichtigem
machen; Gemôet = weiches Gemüth, vergl. ahd. muot, andfr. muod, as. und ags. môd;
grôen, ahd. kruoni, as. grôni, ags. grêne, mhd. grüene; hôee, ahd. huot(j)an, andfr.
huodan und hôdian, mhd. hüeten; hôere, ahd. hôrjan, as. hôrian, andfr. gi-hôran, mhd.
hoeren; Ôeme und Öme, ahd. und mhd. ôhoim; ôever, md. ubir, ahd. upari, mhd. über;
schôen, ahd. scôni, ebenso as., mhd. schoene; wôest, ahd. wuosti, as. wôsti, ags. vôste.
b) Godohnt aus älterem u: Bôen, sonst niederd. bône (Weig.), mhd. büne; Bôet, ahd.
purdî, burdî, as. burthinnia, ags. byrdhen, mhd. bürde; dazu bôore, as. burian (oder sollte
es von ahd. peran stammen?); ôevel, as. ubhil, z. B. ôevel sin, ôevel waere = unwohl
sein, werden; Schlôetel, ahd. sluʒil, as. slutil, mhd. slüʒʒel; Tôegel, ahd. zugil.
2) Neu hinzugekommene Umlaute: Bôeke, ahd. puohha, ags. bôc, dazu Bôekemboum;
lôege, ahd. liokan, as. (Beichte) liagan, andfr. liogan; Rôep, ahd. ruoba, md. rûbe, mhd.
neben ruobe aber schon rüebe; Môen = Tante, mhd. muome, sp. ahd. auch schon muome,
nach Woeste bei Frommann a. a. O. 429 aus altniederd. mammi, mnd. môme; Schtrôe,
ahd. strô, ags. strêav.

III. Diphthonge.
§. 22.
au.

au, seiner Aussprache nach gleich nhd. au, entstand durch Lautvereinfachung:
Aus, nur in dem Ausdrucke: De Aus blöut (blüht), von den dicken, schwarzen Wolken

gesagt, welche im Monat August oft am Himmel einherziehen, ohne dasz sie sich zu
einem Gewitter entladen, vergl. mhd. ouwest, ougest; blau, ahd. plâo für plau, mhd.
Gen. blâwes; Frau, ahd. frowâ, frouwâ; gau = eilig, as. gâhun; haue, as. hawan, ahd. hauwan;
Mau = Ärmel, Reinke de Vos mouwe, ebenso mhd.; miaue, sp. mhd. mâwen; Pau-hân,
mhd. pfâve, lat. pavo; Sau, nur in übertragener Bedeutung, ahd. sû. Plur. sûwî; sich
taue = sich beeilen, zu ahd. zawên = zu theil werden, gehen, gelingen, goth. taujan =
thun. — Aus dem Franz.: Saus = Sauce, altfranz. saus.

§. 23.
äu.

äu, der Umlaut zu au (wie zu âu), ist zu sprechen wie nhd. äu in Fräulein: Fräuke,
Dem. zu Frau; Mäuke, zu Mau. z. B. dat Mäuke schtrike = von jemandem etwas
schmeichelnd erbitten; säuisch, Adj. zu Sau. Hierher gehören noch: Bäu = Erntezeit,
beendigte Ernte, zu as. beo. mnl. bouw; Äu, zwei Stellen oberhalb der Stadt, die eine:
das Land vom Garten des Gutes Baldenei bis zu dem Kruppschen Wasserwerke an der
Ruhr, die andere gleich oberhalb Baldenei auf dem rechten Fluszufer, vergl. ahd. ouwa,
von goth. ahva abgeleitet; Häu, ahd. hawi, houwi, mhd. houwe; schträue, as. strôwian,
ahd. strawjan.

§. 24.
ei.

Zwischen Vocalen und am Ende des Wortes wird ei knapp und kurz gesprochen,
vor Consonanten und besonders vor l wird es gedehnt.

1) ei gibt wieder a, e vor l mit folgendem t und l, hinter welchem alte Media
geschwunden ist: Feilerhof, Hofname in Holsterhausen, zu Feilt, ahd. und as. feld;
ebenso Alberfeil = Elberfeld; Geilt, ahd. keit, mhd. gelt; meile, neben mâlde, in der
Verbindung: niks te meile havve = nichts zu befehlen haben, ahd. und as. melôn =
nuntiare; Meilemtis, ahd. Melde, sp. mhd. melde, ahd. malta; Schpeilerip = Speldorf
bei Mülheim a. d. Ruhr, Lac. 188 in spelderpe (J. 1052); weilte = mit einer Walze
bearbeiten, dann walzen; sik weiltere = sich rollen lassen, beide zu goth. valtjan =
sich wälzen, ahd. welzan.

2) ei ist der unorganische Umlaut von âu (s. § 27) vor m, n, nd gefallen: mp;
Brein, zu Braun, as. brand; Hein, Plur. zu Häuer = Hand; keinlich = kantig,
zu Käunte = Kante; S bröttiner §. 18, 1: Keimke, Dem. zu Kämp, ahd. und mhd. kamp;
davon keime, ahd. chempjo, mhd. kemphen; Meinske, Dem. zu Mäus, Bedeutung s. §. 27;
Meintels, Plur. zu Mäuntel = Mäntel; Peiner = Steuerexecutor, zu Päunt = Pfand.
Die benachbarte Baldener Mundart zeigt hier überall au: Braun, keuplich, käuntich u. s. w.

3) Auszerdem bei: as. bedjan, ahd. pitan, mhd. bitan, b übertragen = schlagen;
Reis = Prügel, verloge; Kreil, ahd. chreuil mit krauje: Leie = schiefer, as. lîa, mnl. leie;
meie, ahd. meitan, mhd. mien, ns. sede, ahd. sâjan. — Leie, as. leggian, zeigt ei überall
wo auf ei ein e folgt, also im Indicativ, im Plur. des Präs. und des Imperativ; leie, bez.
leunts, s. auch sede, as. seggian, in denselben Formen.

§. 25.

ou.

Seiner Aussprache nach ganz dem mhd. ou gleich, findet ou sich

1) ag. u, o wiedergebend vor den Consonantenverbindungen lt, nt, n (älteres d gefallen), mp: Gedoult, ahd. gidult, as. githuld; gesount, ahd. gasunt, as. gisund; Goult, ahd. golt, as. gold; Grount, ahd. grunt, as. grund; Hoult, ahd. holz, andfr. (Werd. Denkmäler) holt-; hounert, andfr. hunderod, ahd. hunt, ags. hund; Hount, as. und ags. hund; Koumpe, tiefe Schüssel, ahd. chumph, griechisch κύμβος == Schale, Becken; kroump, ahd. crump, as. Gl. crumb; Mount, ahd. munt, as. mudh; ouner, ahd. untar, as. undar; roumele == dumpf schallen, sp. mhd. rumelen; Schoult, as. skuld; Wouner, andfr. wundir, ags. vundor; davon sich wounere. Als Ablaut: bount, as. Prät.-St. band-, bund-; fount, as. Prät.-St. fand-, fund-.

2) ahd. und andfr. ou, as. ô, ags. ea entsprechend vor m, p, k, ch in einigen Beispielen: Boum, ahd. poum, as. bôm, ags. beam; Droum, ahd. troum, as. drôm; Soum, ahd. soum, ags. seam; douf, ahd. toup, andfr. douf; Doupe, ahd. toufl, as. dôpi; loupe, andfr. hloupan, as. in ahlôpan, ags. ahleapan; koupe, ahd. koufôn, as. kôpôn; Koup, ahd. kouf, as. kôp, ags. ceap; Rouk, ahd. rouh, as. rôk, ags. aber rêc; ouk, as. ôk, ags. eac; Ouch, ahd. ougã, as. ôga, ags. eago.

3) Vereinzelt ahd. o: Boulte, ahd. polz, ags. bolt, nhd. Bolzen.

§. 26.

öu.

öu, Umlaut zu ou, zu sprechen wie mhd. öu (öi): Höulter, Plur. von Hoult; Höun, Plur. von Hount; döumpe, durch Ersticken auslöschen, zu doump = dumpf, ahd. demphan == löschen; döupe, von Doupe, ahd. toufan, as. dôpian; Löuper, zu loupe, sp. ahd. loufari, mhd. loufaero; söume, mit einem Saum umgeben, ahd. souman. — Döuge, ahd. tugan, as. dugan; Flöute, mhd. flöite; döue = schieben, drücken, ahd. dûhjan, mhd. diuhen; Fröunt, as. friund; glöuve, as. gilôbhian, ahd. galaupjan; Klöue §. 30, 1; Köuchel, ahd. chegil; nöu, ahd. und as. niwi; davon Nöulöt, von dem Eifer gesagt, der nur so lange währt, bis das Interesse der Neuheit geschwunden ist; Schpröute, Gieszkanne, niederrh. und sächs. des 16. Jahrhunderts sprutte (Weig. II, 781); Töute, ein hohes Gefäsz aus Blech, Aachener Mundart Tôet, holländisch tuitkan.

IV. Vocalverbindungen.

§. 27.

au.*)

In au sind beide Bestandtheile nur schwach hörbar, so dasz au doch als éin Laut erscheint; u wird langgezogen. Dieser Laut findet sich vor den Consonantenverbindungen lt, l (d ausgefallen), nt, mp. Vor lt und l lautet a dumpf, fast wie ô, vor mp und

---

*) S. Grandl in „Zeitschrift für deutsche Philologie" v. Zacher und Höpfner III, 345.

nt hingegen rein. Es gibt durchgängig goth., ahd., as., andfr. a, ags. a und ea wieder: åult, as. ald, Cree. Heb. I, 25 ên alt giwerki; Bråunt, ahd. prant, ags. brand; Dåump, ahd. damph; Gewault, ahd. kawalt, ags. gowoald und gewald; kault, as. kald, ags. ceald; Kaunto, altniederrh. kant = Schildrand; Launt = Feld, in ders. Bedeutung as. (kl. Denkm.) land; Lăumpe, mhd. lampe, griech.-lat. lampad-; Mâuler = Malter, as. (Fr. Heb.) maldar mit anderer Bedeutung (vergl. Heyne „Kleinere altniederd. Denkmäler" 140); Mault. ahd. malz, as. (Fr. u. Ess. Heb.) malt; Mâun = Maude, ein Korb ohne Henkel, ags. mand. engl. maund; Schlûtmaun, Korb mit verschlieszbarem Deckel; Mauntel, mhd. mantel; Sault, ahd. salz, as. salt; schaule ôn wâule = schalten und walten, vergl. as. skaldan. fortschieben und as. waldan, Richtergewalt haben; Schmault, ahd. und mhd. smalz; Tâunt. as. tand; Wăunt, ahd. want; dazu wăuntrôfe, vom nächtlichen Treiben mondsüchtiger Menschen; Wăuntlûs, ahd. und mhd. wantlûs; schwatte Wăuntlûs = schwarze Johannisbeere. Die benachbarte Baldeneier Mundart hat o, wenn l folgt; a. wenn m oder n folgt: olt. kolt, Smolt, Solt; aber Brant, bekant. Damp, Kante u. s. w. In Wörtern, welche man noch als fremdländische anerkennt, bleibt a auch in der Werd. Mundart: Mandele. nhd. Mandeln; Tante, nhd. Tante u. s. w. — Der Umlaut von åu ist ein zweifacher: a) vor m und n: ei; Beispiele §. 24, 2; b) vor l: äu, der Aussprache nach = äu in §. 23: äuler zu åult; käuler, Comp. zu kault; sich ferkäule = sich erkälten; Käuldo, ahd. chaltI. altfries. kaldo u. s. w.

§. 28.

eï.

In eï sind beide Bestandtheile hörbar; der Ton ruht auf e. Der ganze Lautcomplex wird vor Consonanten etwas in die Länge gezogen, vor Vocalen aber und im Auslaute kurz gesprochen. Der Unterschied der Zeitdauer von eï erscheint in zwei Wörtern beachtenswerth: in heït, ahd. heiz, as. hêt, wird eï gedehnt gesprochen obiger Regel gemäsz, in Heït, goth. haithi, mhd. heide, klingt eï knapp und kurz.

1) eï entspricht in der Regel ahd. ei, ahd. ei, andfr. ei und ê, as. ô: Beïn, ahd. pein, as. bên; Bescheït, ahd. gaskeit, as. giskêd, ags. gescâd; bleïke = bleichen (trans). zu bleïk, as. blêk; deïle, as. dêlian; Deïch, goth. daigs, ahd. teik; Eïkemboum, ahd. eih; dazu Eïkeschot, häufig vorkommender Familienname, Ess. Heb. van Êkanseetha; heït. ahd. heiz, as. hêt; davon Heïtewäk, ein kleines, weiches Weiszbrod (sog. Meckel, welches früher am Fastnachtsmontage morgens gebacken und möglichst warm verzehrt wurde (S. auch Fr. Reuter, Volksausgabe V, 71); Keïfer, ahd. keisar, as. kêsur; kleïe, andfr. -kleïdan; leïe, Werd. Fragg. lêdi, sonst andfr. leidan; Leïm, ahd. und andfr. leimo, as. lêmo; Meïster, as. mêstar, ahd. meistar; schpreïe, ahd. spreitan, von Schpreï §. 46, 3, c.

2) Vor folgender Liquida mit einer Dentalis gibt eï ag. i wieder: feïne, as. findan; Keïnt, ahd. kint; Meïlto (Fem.), ahd. milzi (Neutr.), ags. milte; meïlt, ahd. milti; Weïnt, as. wind. Voreinzelt stehen: Eïnt, as. endi; teïmore, as. timbrôn; Teïmerman = Zimmermann.

3) eï aus altem î: schpeïo, as. und ahd. spiwan; seïo, ahd. sîhan; weïe, ahd. wîhan.

B. Consonanten.

§. 29.

I. Liquidä: l; m; n; r.

II. Mutä: 1) Linguales: b; p; v, f. — 2) Dentales: d; t. — 3) Gutturales: g; k; ch. —
III. Spirantes: 1) die gutturale Sp. h. 2) die palatale Sp. j. 3) die labiale Sp. w.
4) die dentale Sp. s, sch.

I. Liquidä.

§. 30.

l.

1) l entspricht im An-, In-, Auslaute im allgemeinen ag. 1: löf §. 15, I. 3; bloïk, as.
blök, ahd. ploih; bloïnt, as. blind, ahd. plint; blöe, ahd. pluotön, vergl. as. blödag (s. §. 20,
1, a); blöue, as. blöjan, ahd. pluojan; em Luer, mehrere Häuser bei der Abteikirche;
ebenso sent Luerswäch, Bittweg, den der heil. Ludger oft gegangen sein soll; sent Luers-
kermes = Werdener Herbstkirmes; Börger (Bürger) sent Luer, der 2. Sonntag nach der
Herbstkirmes; (Ludger hoiszt sonst in der Werd. Mundart Gêres); Lot, in Ougelot, as. lidh;
llrweïk = gliodlahm, dann = schwach, weich; hell = geheilt, zu as. hêl, ahd. heil.
Im Anlaute ist h vor l einigemal gefallen: lache, as. hlahan; luce = läuten, as. ahlüdian,
dazu unpers. lut = klingt, Prät. ludde; lutter, Lutterfät, s. §. 6. Echtes l steckt in
Klöue. nhd. Knäuel, ahd. aber chliuwi, ags. clive.

2) Gemination von l: fello = schinden, ahd. und as. fillian = geiseln, zu as. fel;
tälle = zählen, dann = für etwas rechnen, ahd. zellan, as. tellian zu tal; Allerhellige
= Allerheiligen, aber heïlich, as. hêlag; hülle, eigtl. heulen, dann auch weinen, ahd.
hiwilön = jubeln, mhd. hiulon; Ollich, Kettw. Ölich, andfr. olig. — Auszerdem findet
sich ll in der Zusammensetzung: Kul-lök = Loch in der Erde, Grab.

3) Wechsel zwischen l und t: Göl, Deminutivform Goolsche, nhd. (mundartlich)
Gothe, mhd. gote; zwischen l und r: Kövel, andfr. kover.

4) Metathesis hat statt in Halch (s. §. 2, 1) und Bläch, Bezeichnungen für un-
artige Kinder; Marklöf, mittelniederdeutsch markolf, vergl. den ahd. Männernamen
Marcholf.

§. 31.

m.

1) m entspricht an-, in- und auslautend ag. m: môe, miethen; Mötgeilt, Miethgeld, vergl.
as. meda; Kâmer, im Gegensatz zu Schtöf (Wohnstube) = Schlafzimmer, ahd. camara;
Bässem, ahd. pesamo, mhd. besemo, nhd. Besen; Böm, as. bodom, ags. botm, nhd. Boden;
Fâm, ahd. fadum, mhd. vadum und vadon, nhd. Faden.

2) Aus n entstand m durch Lautangleichung mit folgendem b und p in Bärem-
boum §. 15, I, 4; Hissemboïn §. 43; Püstembärch, Berg bei der Stadt; Bömpöte = Born-
thor, im südöstlichen Theile der Stadt zum Bönnerbärch, das ist Bornberg (s. §. 32, 2),
führend. Altes bh bez. v vertritt es in Ôment, as. âbhand, andfr. u. Freck. Heb. âvand.

3*

3) Im Auslaute ward es zu n in Mòen §. 21, 2.

4) Wie schon im As. ist m vor folgendem f gewichen: fif, as. fif, ahd. fimf; ebenso fifto, as. fifto, ahd. fimfto.

§. 32.

n.

1) n entspricht ag. n im An- und Inlaute, sowie im Auslaute betonter Silben: nêgu, as. nigun, ahd. niun; lêne = leihen, zu as. lêhni, was nur leihweise gegeben wird, vergl. ahd. lêhanòn; Tön, andfr. turn, ahd. turri, turra.

2) Geminirt erscheint es in Bönnerbärch, Berg bei Werden, auf einem Bilde der Stadt vom Jahre 1570 bornbergh; kenne, as. ni-gôn; rònne, a) von einem nicht wasserdichten*) Gefäsze, andfr. rinnan = flieszen, b) von der Milch = gerinnen; linne, as. und ahd. linîn.

3) Wechsel von n: a) mit m in Kìn, Plur. Kìno, ahd. chimo, mhd. kìme. In dem Verbum kìne ist n althergebracht; denn as. kìnan = sich auseinanderspalten, keimen, goth. koinan, vormittelst n aus dem starken Verbum keian gebildet (s. Gr. Gr. II¹ 258, a); b) mit r in Knìt = Kreide, mhd. krìde, ahd. crìdä, vergl. mhd. Krìde = Krota (s. Lexer, Mhd. W. I, 1725 f.); dazu knìtewit = blendend weisz; Knìtschuever, zu schüve (§. 16), jemand, der sparsam und fast geizig lebt.

4) Wegfall von n: a) im Anlaute: Âk = Nachen, ags. naca; davon Âkesbäs, in der Werdener Mundart = Schiffer überhaupt; b) im Inlaute: òfe §. 10, 1; kas, as. kanst (s. Gr. Gr. I² 894, 2, 9); Gous, ags. gòs, ahd. kans, lat. anser für hansor (Weig. I, 522): òs §. 10, 2, goth. unsis; regelrecht fehlt es in sòs §. 11, 2, a; c) im Auslaute in allen unbetonten Silben, besonders in den Flexionsendungen: Ifer, ahd. ìsarn und ìsan, as. ìsarn; Ouge, Plur. von Ouch; feìne, as. findan. Die Baldeneier Mundart hat n bewahrt: nW. schtaeke, Bald. stücken. Derselbe Ausfall von n hat statt in Zusammensetzungen: Nämesdach u. s. w. — N bleibt aber vor Vocalen, vor h und d: bòve = oben, aber bòvenòp §. 37, I; Sèkenhûs §. 15, I, 3; Lâkendök §. 12 u. s. w.

§. 33.

r.

1) r wird nicht mit der Zunge, sondern tief im Gaumen scharf und schnurrend gesprochen.

2) r entspricht im An-, In- und Auslaute ag. r: sich rüste, as. rostian: Rôtgaever, as. râd-gebho (auch Familienname); Rüte = Fensterscheibe, sp. mhd. rùte = Viereck, nhd. Raute; davon Rütterkes, kleine, viereckige Speckstücke; Prûm, Prûmomboum = Pflaume, Pflaumenbaum, zu griech.-lat. prunum, sp. ahd. phrûmä, im 12. Jahrh. phrûmboum, ahd. schon pflûmboum (Weig. II, 339); dazu Prôum = Kügelchen Kautabak, pröume = Tabak kauen; von demselben Stamme Pluem §. 17; Schwaor, ahd. giswer; davon schwaerentich = mit einem Geschwüre behaftet, z. B. schwaerentige Fenger; Schuer, ahd. skiura. In einigen Wörtern ist h vor r im Anlaute abgefallen: reìn, as. hrèn; röpe, as. hròpan; ròere, as. hròrian.

*) Wenn nur wenig Flüssigkeit durchsickert, sagt man „läcke".

3) Wechsel mit l: Lärbäk == dummer Mensch, nach Fuss (Progr. von Bedburg 1877) von Lälle == Zunge, lälle == linguam movere, und Bäk == Schnabel.

4) Metathesis hat statt in Dörpel == Schwelle an der Hausthür, und Dröppelfal == Tropfenfall (Traufe), zu beiden Wörtern vergl. andfr. dropo, ahd. tropho.

5) Im Inlaute ist r vor folgendem d, (f) l, n, sch, t geschwunden: faedich == fertig, sonst niederdeutsch fardig, zu as. fard == Reise; Schluffo §. 37, II; Kael, Bald. Kaedel, Kerl; ebenso Kül und Küdel == Karl: Dön, as. thorn; gaon §. 13, 1; küne == Butter machen; Kénmelk == Buttermilch §. 15, II; Doscht, as. thurst; Woscht, rheinfr. Wösch, ahd., mhd., nhd. wurst; hat, as. hard; fütons == sofort, as. fordh == fürder; Hatte, as. herta; Scholdök §. 39, II, c; Tottoldüf, eigtl. Turteltaube, mhd. turteltübe, übertr. von jemandem gesagt, der viel und rasch spricht. Merke noch: tewasch, mhd. twerch; davon Towaschdrfver, der immer das Gegentheil von dem will oder behauptet, was andere wollen oder sagen. — Ueber die hierbei stattfindenden Vocalveränderungen siehe unter a, ä, ae, ö, o, ö. — In folgenden Beispielen trat zuerst Metathesis ein, dann fiel r vor folgendem Consonanten aus: bachte, as. brostan, ags. borstan; Boscht, as. briost, Kref. Börsch; davon Werd. Rötböschke == Rothkehlchen; dasche, goth. thriskan, ahd. drescan; Hävergotte == Habergrütze, vergl. ahd. gruzzi, ags. grytta, Kref. Jört; Koschte, ahd. krustä, Kref. Koorsch*). S. Röttsches a. a. O. S. 50.

6) Wegfall von r im Auslaute: bö a) == hier, b) == bierher, as. her; ml, dl, ebenso as. mi, thi, aber goth. mis, thus.

II. Die Muten.

§. 34.

Die Werd. Mundart steht hinsichtlich der Lautverschiebung auf der Stufe des Gothischen, Nordischen, Niederdeutschen. Wo das Hochdeutsche die Tenuis hat, zeigt die Werd. Mundart die Media, wo das Hd. die Aspirata, zeigt die Werd. Mundart die Tenuis. Der hd. Media entspricht aber nicht die Werd. Aspirata, sondern es wird die entsprechende Tenuis gesetzt. Bei den Dentalen ist die Lautverschiebung mit groszer Consequenz durchgeführt.

Die einzelnen Reihen der Mutä.

1) Die Labialklasse.

§. 35.

b.

1) b im Anlaute gibt as. und andfr. b, strong ahd. p wieder: baee §. 13, 1; baeter, as. betara, andfr. betero, ahd. pezziro; Beïn §. 28, 1: Belt, as. bilidhi, andfr. bilithi, ahd. piladi; brüke == a) gebrauchen, b) nöthig haben, as. brûkan, ahd. prûhban.

2) b im Inlaute wird zwischen Vocalen und nach l und r zu v, vor t und s zu f.
Beispiele §. 37, I; §. 37, II, 2.

3) Gemination von b: Gribbel, z. B. en de Gribbel schmite = etwas werfen, damit
andere darnach greifen (grîpe); rabbele, a) ein Geräusch machen, b) et rabbelt öm =
ist nicht ganz bei Sinnen; schübbich = abgetragen (von Kleidungsstücken), zu Werd. scháve,
goth. skaban, ags. scafan; schibbele = rollen; schubbich = unfreundlich (vom Wetter
gesagt); wibbele = schnell und lebhaft sich bewegen; dazu Adj. wibbelich, vergl. mhd.
wibelen, webelen, ahd. wipil = Kornkäfer, nhd. Weibel, Feldwebel.

4) Wegfall von älterem b. As. und ags. mb verliert in der Werd. Mundart b, wenn
es in den Inlaut tritt: kroume, flectirte Form zu kroump, us. (Gl.) crumb: keime. zu
Käump, ags. cemban; teïmere, Teïmerman §. 28, 2; ebenso im Auslaute, wenn der Voca
der Flexionsendung weggefallen ist: Käump, Plur. Keim; die wenigen anderen hierher
gehörigen Wörter folgen dem Vorgange des Nhd., z. B. ags. climban, nW. klömme.
Schon die Freck. Hdb. weist die Form timmero auf.

5) Vereinzelt steht Bannéres, älter für jetziges Wernéres = Wernherus, Wernher.

§. 36.
p.

1) Anlautendes p gibt wieder as. und andfr. p, ahd. p, ph, pf: Pack, as. (Freck. Hdb)
pik, ahd. poh, lat. St. pic-; Pünning, as. (Freck. Hdb.) penning, ahd. phantine; Pauliz
§. 22; Piler, ahd. pfîlâri, mittellat. pilarium; pilgrät = gerade aufwärts, zu ahd. pful
lat. pilum; Pös, in den Ausdrücken: en Pös schlöpe = von dem nöthigen Schlafe ein
Theil abmachen; en Pös geschlöpe hävve, gebraucht, wenn man eine zeitlang geschlafen
hat und dann aufwacht; en Pös make = innehalten, zu mhd. pûse, lat. pausa, griech. παῦσις;;
dazu das Verbum püfe = innehalten.

2) Inlautendes p = as. und andfr. p, ahd. f bez. ff, ph: galpe = laut weinen, as.
galpôn; grîpe §. 35, 3, as. und ags. grîpan, ahd. grîfan: knöupe, ahd. chouphin.
mitteld. knuppen, zu Knoup = Knopf; davon Knöuphöse = Kamaschen; koupe §. 25, 2:
krûpe, andfr. criepan; röpe §. 20, 1, a; Sipe §. 18, 1, md. sîfe, zu altfries. bi-slpa —
Vor Consonanten: Depde, goth. diupitha, ahd. tiufî; depste, Superl. von dêp u. s. w. —
Metathesis hat statt in Wepsche, lat. vespa, ahd. wefsâ, ags. väps, mhd. wefse (s. Weigand
II, 1098). — Gemination: Doppe = a) das Becken, in welchem die Glieder an Arm
und Bein sich drehen, vergl. de Arm es uttem Doppe gegange, b) Kreisel, ein Kinderspielzeug; Döppe = Topf aus Erde; Leppel §. 5, 1; schüppe §. 3, 1; Schepper = Schäfer,
ags. scipor, altn. skipari; Schêper = Schäfer, ahd. scâfari; — Lautangleichung: öppet
aus öp dor; öppet, aus op dat u. s. w. Verstümmelung: öm, für öp dem.

3) Auslautendes p entspricht as. p (as. b nur in mb), andfr. p, ahd. f bez. ph:
Dåump, ahd. damph; dazu deimpe; doimpich = kurzathmig, von Menschen und Thieren
z. B. Pferden, gesagt; Schop, as. skip, ahd. skif; scharp, andfr. scarp, ahd. scarph; Schlöp
as. släp, ahd. slâf; Käump, Kamm §. 24, 2; Knump auch = lat. campus in Klöstorkäump (ein
früher zur Abtei gehöriges Grundstück); daher: en Gowesse üs Klösterkäump = ein weites
laxes Gewissen.

§. 37.

v, f.

I) v, die weiche Labialaspirata, findet sich nur im Inlaute zwischen Vocalen und nach l und r und gibt wieder as. bh, kl. Denkmäler und andfr. v, ahd. b, p: ärvo, zu Ärf §. 3, 1; bóve, aus bi-óvo, as. obhan, ahd. opana, Word. Heb. A. III obarro = der obere; bóvenóp = oben auf; aeves, as. obhan, ahd. epan; gaeve §. 13, 1; lóvo §. 18, 2, b; lëver, as. liobhora; Hâvor §. 12; Nëvol §. 15, I, 1; Selver, as. silubhar, ahd. silabar; schrivo §. 14, 1; sëvo, kl. as. Denkm. sivon, Crec. Heb. I sivun; schtärvo, as. sterbhan. Geminirt in hävvo = haben, as. hebbian.

II) f, die scharfe Labialaspirata, findet sich im An-, In- und Auslaute.

1) Im Anlaute gibt f wieder as. f, andfr. f (v), ahd. f: fan, andfr. fan und van; merke: fan Dach = houte; fam Morgo = houte Morgen u. s. w.; Fë, as. (Fr. Heb.) vë, andfr. fë, fio, ahd. fihu, vorgl. §. 15, I, 1; fortën, as. (Fr. Heb.) fiertoin; fesche, as. fiskón; Fögol, as. und ahd. fugal; Flëch = Fliege, as. (Gl.) -fliuga.

2) Im Inlaute erscheint f vor Consonanten: lëfste, Superl. zu lëf; gófs, góft, 2. und 3. Sg. Präs. zu gaove; äfkes = für einen Augenblick, Dem. zu aeves §. 37, I; Kröfte, Krebs, mnd. crevet, ahd. chrepazo, crebiz. — Gemination: boffe, Präp. = oberhalb; ter boffe, Adv. des Ortes, beide zu óvo, bóvo §. 37, I; hoffaedich = stolz, ahd. höhfertig; Jóffer, ahd. juncfrouvä, niederrh. des 14. Jahrh. junffer, holl. juffer; Leffermes = Liebfrauenmesse; Schluffe, älter Schlerfe, zu ahd. slorpan, Pantoffel ohne Kappe oder mit niedergetretener Kappe, vergl. Andresen a. a. O. S. 116. — Wechsel der Aspiraten: Werd. achter, as. u. s. w. aftar; ferkocht und ferkoft, beides Part. Prät. von ferkoupe; Löcht und Löft, as. luft, goth. luftus, sonst niederd. und niederl. lucht; Plur. Löchte = Fenster; Schteft und Stecht = Klosterstift, mhd. stift, 1475 clev. stichte = Bisthum (Weigand). Man sagt: Schtechtsche Büre = Landleute aus dem Stift Essen, aber es heiszt nur Schteft Wadde.

2) Die Dentalreihe.

§. 38.

d.

1) d der Werd. Mundart vortritt im Anlaute die goth. u. s. w. Media wie Aspirata. Also gibt anlautendes d wieder a) goth., as. und andfr. d, ahd. t: Dach, goth. dags, ahd. tak; Dëïch §. 28, 1; döupe §. 26; draege §. 13, 3; dronke, as. und andfr. drinkan, ahd. trinchan; dränke, andfr. drenkan, ahd. tronchan; Droum, as. dróm; b) goth., as., andfr. (auch Word. Fragg.) th, ahd. d: Dënst, as. (Fr. Heb.) thianust; mt dönkt §. 11, 1; dörvo = dürfen, goth. thaurban §. 11, 1; Doscht, goth. thaurstei §. 33, 5; düster §. 7; droi, goth. throis, as. thrio, ahd. dri; düsont, goth. thusundi, andfr. thûsint, ahd. dûsunt.

2) Im Inlaute ist ältere Media, sowie dh und th gefallen a) zwischen Vocalen: baeo, as. und andfr. bedón; bëe, as. biodan; Böm, as. bodom; Brör, as. bródhar; Für, aus as. fadar, sowie Mör, aus as. módar, hört man ganz selten. Diese Formen zu gebrauchen gilt für pietätwidrig, und man sagt anstatt dessen mit Wiederherstellung der alten Media Fäder, Möder; die Mutter von Kaninchen heiszt aber durchgängig Mör; Köl, mitteld.

kidol, mhd. kittel; lâo, as. ladhôian; rôe, as. râdan; nôr, as. nidhar, vergl. andfr. (Werd. Heber.) nidarro = der untere; schnîo, as. snîdhan; Waor, as. wedar; Waor in: enner Waor = im Entstehen, zu waero. as. werdhan gehörig; Wiontop = Weidenzweig, ahd. wîdî, mhd. wîde; Wînbârch, Berg in der Nähe der Stadt, Lac. 12 (vergl. auch 13) widuberg; derselbe erstreckt sich vom Garten des kath. Krankenhauses bis zum sog. Dannenberg. — Bei der Pluralbildung: Rat, Plur. Raor u. s. w. Verstümmelung in Luor, vergl. §. 30, 1; b) nach l und n: fâule, as. faldan; hâule, as. haldan; schûule ôn wâule §. 27; goule, flect. Form von goult, as. und ahd. guldîn; meïle, vom Wetter und vom Gemüse (= zart) gebraucht, flect. Form von meïlt = mild: feïne §. 28, 2; keïnisch §. 4, 2; sich wouuere §. 25, 1 u. s. w. — Als Beispiel für den Ausfall älterer Aspirata th führe ich an: Ärbôr, zu Aet, ahd. ertperi, vergl. as. ertha; Ärpel, ahd. erdaphul; wûr und wôr, beide = wieder, zu as. (Beichte) withar, auch zusammen, z. B. wûr wörgaeve = zurückgeben.

3) Im Inlaute findet sich d in folgenden Fällen: a) Im Präteritum schwacher Verba ist de = as. da: bôerde zu bâoro §. 21, 1, b; dendo zu dêno = dienon; huegde von huege = still in der Ecke sitzen, zu as. huggian = denken (oder sollte es zu mhd. hûchen = kauern, nhd. hocken, sich stellen?); noide zu neie = nähen; schpôlde zu spôolo = spülen; seide zu seie = säen u. s. w.; b) nach l in den Substantiven: Äulde, ahd. altï, mhd. elte; Fülde, ahd. fûlida, Fäulnis; Längde, ahd. lengî; Käuldo, ags. cylda, ahd. chaltî; Belder, westf. Beller, Plur. von Belt, s. §. 35, 1; c) wenn r gefallen ist: ädich, mhd. ertic; Aedappel = Erdapfel, Kartoffel, neben Ärpel; faedich §. 33, 5; Gäd- §. 12 u. s. w.; d) einzeln: Klandîs = Kunde (scherzhaft und mit der üblen Bedeutung welche das Wort Kunde im Nhd. auch hat), zu franz. chaland, holl. klant.

4) Gemination von d: a) Vor -de des Prät. wird vorhergehendes t zu d: bôdde, von bôete, Fuer ânbôeto = Feuer anzünden, zu as. bôtian, ahd. puozan = besser machen (auf dem alten Herde nämlich liegen die Kohlen glimmend unter der Stülpe, und man bessort so das Feuer wirklich auf); baddo von bâto §. 12; schweïte, Prät. schwedde = schwitzte. — Ebenso tritt vor -de die im Infinitiv u. s. w. aufgegobeno Dentalis wieder ein: büdde zu baee §. 13, 1; bo-staddo zu: sich bestäe = heirathen, eigtl. sich mit dem zur Heirath Nothwendigen ausstatten; lodde zu leïe = leiten, führen §. 28, 1; kledde zu kleïe = kleiden; — b) dd entspricht älterem dd in dredde, as. thriddio; Fadderïaet = Gevatter; Bredde, Broite, goth. braidei; Meddo, as. middea, ags. middo; ôdder, ags. odhdho; Pâddoschtül, holl. paddenstoel, englisch paddockstool, dänisch paddeha:, m. Plu. altn. padda, mndl. padde, Bald. pädde; schuddere = schaudern, clevisch vom Jahre 1475 schuyderen; dazu Adj. schudderich, Subst. Schudderoï = Schüttelfrost: tüddore, weidende Kühe mit der „Tüdderkätte" an einen in die Erde geschlagenen Pflock (Tüdderpôl) befestigen, fries. tüddern. Nach Ausfall von r ist d geminirt in Waddo, nhd. Werden (vergl. §. 33, Anmerkung). — Vereinzelt steht kiddelo = kitzeln, niederrh. des 11. Jahrh. chitilôn, ahd. chizilôn (Weig.); von demselben Ursprunge kettele, von der bronnenden. stechenden Kraft der Sonne gesagt. — Weitere Gemination s. 4 unten.

5) Im Auslaute geht ursprüngliches d in t über. — Altes d fällt aus bei der Pluralbildung: Bâunt, as. in Zusammensetzungen -band, Plur. Bein; Hâunt, goth. handus, Plur. Hein; man sagt ferner dat Eïnt, aber am Eïn. Auszerdem fällt älteres d im Auslaute

in hêl, von hâule, as. haldan. Kehrt altes d in den Inlaut zurück, so erscheint es geminirt a) bei der Pluralbildung: Päddo zu Pät; Treddo zu Tret; b) bei der Flexion der Adjectiva, z. B. gòddo zu gòt; c) bei der Comparation: bredder zu breit, as. brêd; hadder zu hat u. s. w.

§. 39.
t.

1) Anlautendes t entspricht goth. u. s. w. t, ahd. z: tàm, ags. tam, ahd. zam; sich tauo §. 22; tò, ahd. zàhi; tõ, as. te; Tòegel, ahd. zugil, zu goth. tiuhan; tròk = zurück, eigtl. tòm Röcko = zum Rücken; Liftòcht, nhd. Leibzucht (in der Werd. Mundart bezeichnet es hauptsächlich die Wohnung).

2) — a) Inlautendes t gibt goth. u. s. w. t, ahd. z (ʒ) und t wieder: acte §. 13, 1; baeter §. 35, 1; bite §. 14, 1; Gäte = Gasse, altn. gata, ahd. gaʒà; lòto §. 18, 1; säulte. goth. saltan, ahd. salzan; schmeilte, trans. wie intr., ahd. smelzan, mndl. intr. smelten; Honte, ahd. hornuʒ; Krêfte §. 37, II, 2; schmlto §. 14, 1: Schtröte §. 18, 1; schtöte, goth. stautan, ahd. stòʒan; dazu Schtötfögel = Habicht, Schtötkàr = Schlagkarre, Schtöeters, Eigenname; abd. t: Höllentor §. 9, -ter, goth. -triu, ahd. -tar; ferner: örschto, ahd. örist; fifte §. 14, 2; sälste §. 43; achte; twülfte u. s. w. b) Wie im As. nach Tenuis und s das Präteritalsuffix -da in -ta sich wandelt, so weist die Werd. Mundart in gewissen Fällen -te für -de auf. Ich hörte deutlich: böfte von baeve, bebte; waefte von waeve = weben; klaefte von klaeve = kleben; döpte von dòupe §. 26; galpte von galpe §. 36, 2; gapte von gàpe nur = gähnen; jankte von janke = weinen; nach ch ist vielleicht dasselbe anzunehmen, zweifelhaft ist es bei k. Eine bestimmte Regel wie im As. läszt sich nicht feststellen, da die innerhalb des Wortes nach einem bis zwei Consonanten liegende Dentalis nicht deutlich gesprochen wird, dieser Laut vielmehr oftmals zwischen d und t schwankt. c) Ächtes t mit vorhergehendem r fiel im Inlaute in Scholdök = Schürze (Schürztuch); t fiel ferner in Kisfät = Sarg (Kis aus Kiste), ags. cist. d) Gemination: Kettel §. 5, 1; Schöttel, mhd. schüʒʒel; Rapschöttel = begierig; sätte, as. settian; sette, as. sittian; kettele §. 38, 4, b.

3) Die Gutturalklasse.

§. 40.
g.

1) g im Anlaute klingt wie ein nicht zu scharfes ch. Diese Aussprache erstreckt sich in östlicher bis südwestlicher Richtung von der Stadt nicht weiter als der Gebrauch des t für hd. z; wo man z hört, da wird g wie j gesprochen. Im Inlaute ist g weich. Folgt g auf l, so klingt es auch in der Werd. Mundart im Inlaute wie j, z. B. Tüljo, Plur. von Tälch, ags. tuolga, ahd. zuolga, Zweig; Falje, schwarzes, weit herabhangendes Kopftuch der Frauen bei Begräbnissen, überhaupt in Trauer; Kanaljefögel = Canarienvogel. — Im Anlaute gibt g wieder goth. u. s. w. g, ahd. k: gaol §. 13, 1; gaen, goth. gairns §. 13, 1; gèto §. 15, 3; Grädes = Gerhard.

2) Inlautend entspricht g as. g und h, ahd. g, h, k: flêge §. 15, 1, 3; noegor, Comp. zu nò, as. nâhor; nêge §. 15, I, 4; saogeno §. 13, 1; Schnaegel, ags. snägel. — Ïgel §. 14, 1. — Gemination gg, zu sprechen g-g: Pògge, junges Schwein, zu Pûk (im Reinke de Vos

ist pogge = Frosch); taggo = reizen, quälen, vergl. schwedisch tagg = Zacke; den Taggelappe, der andere reizt. — Der gutturale Nasal ng hat nicht mehr an Gebiet gewonnen, als er in den verwandten ag. Dialecten schon inne hatte: menge §. 5, 1; Hönger, as. hungar; sengo §. 5, 2, b; twengo §. 5, 2, b.

3) Jedes in den Auslaut tretende g, sowie g im Inl. vor Consonanten wird ch — Es hält sich aber -ng in Verbalformen: schpreng, Imperativ zu schprenge, Prät. schpröng u. s. w.

§. 41.

k.

1) k im Anlaute gibt as. u. s. w. k, ahd. ch wieder: kino §. 14, 1; köersch = wählerisch, zu goth. kiusan. — Zu Krenk = Ring, Kreis vergl. ag. hring, lat. circus.

2) Inlautend entspricht k a) zwischen Vocalen in gedehnten Silben as. und andfr. k, ahd. hh: Lâke §. 12; Lûke §. 16; mâke §. 12; Limtelke = Wundmal, zu as. têkn und as. lîkhamo; b) in der Deminutivsilbe -ke: Haeske zu Hâs; Maeke = Mädchet. c) vor s: söks 2. Sing. zu söeke, as. sôkian; rüks zu rüke; vor t: 3. Sing. sökt, rükt. - Verbindung nk, zu sprechen wie nhd. nk: Enkel §. 5, 1; sonke, as. sinkan. — Geschwund: ist altes k in Mart, mhd. market, lat. mercatus; sal, Werd. Fragg. scal, andfr. Ps. st 3) Auslautendes k gibt wieder a) as. und andfr. k, ahd. h, k: Bôk §. 20, 1, 1 ek, Werd. Fragg. ik; glik §. 14, 1; — brök, as. brak; sönk, as. sank; Schtrônk = dick Stengel, mitteld. strunc; b) as. u. s. w. g, ahd. g und c: Krenk §. 41, 1; lank, as. u. ahd. lang; jönk §. 10, 2; Schprenk = Quelle, as. spring, ahd. sprinc; Schtrank, zu at stranc, ags. strong, a) = Fluszarm, z. B. Heierschtrank, zwischen der Stadt und d. Ruhrinsel (Brôm genannt) oberhalb der Brücke, b) Schtranktabak = Rolltabak; Schtran Gân (Dem. Schträngske) = Strang Garn.

§. 42.

ch.

ch findet sich im In- und Auslaute. Vor ä, ae, i, î, e, ê, ô, ôe, öu sowie r und l (nach andern Consonanten kommt ch nicht vor) liegt ch vorn im Munde wird dadurch hervorgebracht, dasz man die Luft durch die Oeffnungen der Zähne durchtreibt; nach a, â, uo, o, ô, ô. ö dagegen liegt sein Laut hinten im Gaume. 1) Inlautendes ch findet sich a) zwischen Vocalen: Köuchel §. 26; secher, as. sih, ahd. sihhur; Têchel, ahd. ziegal; b) vor t: genôcht neben genôg, as. ginôg; Hö ahd. hôhida; Focht = Ofenklappe; Weïnfocht, Stelle bei der Stadt, an der der Wind freien Spielraum hat, vergl. clevisch vom Jahre 1475 vocken = wehen (Weigand) und Werd. fochte, z. B. dî Pipo focht net = ist verstopft; as. leggian, nW. leie, Part. Prät. gelacht as. seggian, nW. seie, gesacht; as. sôkian, nW. sôeke, Prät. mit Wegfall des Schluss söcht, Part. Prät. gesôcht, häufiger als gesôkt. — Wechsel der Aspiraten ch und §. 37, II, 2.

2) Auslautendes ch vertritt as. und andfr. g und h, ahd. c, g, ch: arch = schlimm, au zur Verstärkung zu Adj. gesetzt, ags. earg = furchtsam, ahd. arc, urspr. = geizig

Barch §. 3, 2; be-dröch, as. bi-drög, ahd. pi-trouc; löch, as. lag, ahd. lac; löch, as. lög, ahd. loug; söch, Prät. zu sên, as. und ahd. sah; schlöch zu schlön, as. slôh, ahd. sluoc; -ich und -lich §. 4, 2.

III. Die Spiranten.
§. 43.
h.

h findet sich nur im Anlaute. Die alte gutturale Spirans ist weggefallen in nô, ags. neah, as. und ahd. nâh; Nôbor, ahd. nâhkapûr, ags. neahgebûr, aber schon Freck. Heb. (Heyne) 113 nâbûr; Das, holl. das, ahd. dahs; Flas, ahd. flahs, ags. fleax; Fus, andfr. vuhs; sâs, as. sehs und ses; sästôn, ahd. sehszohan, as. (Freck. Heb.) sehstoin und sestoin; sâste, as. sehsto; Asse, ahd. ahsa, lat. axis; Hissembeln, Gelenk der Schweine vom Knie aufwärts, ahd. hahsa, hahsina, mhd. hahse = poples, s. Gr. Gr. III¹, 405; Osse, ahd. ohsa, andfr. ohso; wasse, as. und ahd. wahsan; wisselo, as. wehslôn.

§. 44.
j.

j hat nicht, wie im benachbarten Rheinfränkischen, durch Umwandlung von g zu j sein Gebiet erweitert; vergl. übrigens §. 40, 1.

§. 45.
w.

1) w im Anlaute: warm §. 2, 1; Consonantenverbindungen tw, schw: twälf; schwaere, as. sworian. Söster, tösche §. 11, 2.

2) w im Inlaute: gärwe = gerben, zu as. garuwian, ahd. garawên = bereiten; êwich, as. êwig; hêwo, ahd. hiowun; Löwerlengske, in der Mark: lêwerk, früh mhd. lêwerch, ags. lâworce (Weig. II, 937). — Älteres w ist weggefallen in Ärte §. 3, 2.

3) Wechsel der Spiranten hat statt in Têwe §. 15, I, 1 (wie ahd. säjan neben sâwan).

§. 46.
s, f, sch.

s, der scharfe Zischlaut, findet sich im An- und Auslaute, im Inlaute vor und nach Consonanten; f, der weiche Zischlaut, im Inlaute zwischen Vocalen.

1) s. a) s im Anlaute: Saldôt = Soldat; Saunt, as. sand; sälver, as. self, ahd. selp; sal §. 41, 2. — Merke noch: Sipel, lat. cepula, mhd. cibüll (Weigand); Sucker, ahd. zucura aus mittell. zucara; b) im Auslaute: lôs, Prät. von laofe u. s. w. — ks: Geschpôks §. 10, 2; niks, nhd. nichts; schtraks, nachher, mhd. strackes, geradezu. — Das, Flas, Fus, säs vergl. §. 43; c) im Inlaute: äkstere = jemanden durch beständiges und oft unverdientes Tadeln quälen; äksersêre, exercieren; ästemêre, franz. estimer; bister §. 4, 1; düster §. 7; pûste §. 16; Güste, Gährschaum, zu nhd. jest, gest; sich râste §. 3, 1. — sp.: Hêsperbôke, Hesperbach, Lac. 44 „super hesepe rivulo"; wispelich, beweglich; d) eingeschoben wird s in Deminutivbildungen mit k, wenn eine Gutturalis das Wort

beschliesst: Färkske zu Färke §. 3. 1: Härkske zu Härke §. 3. 2: Kerkske zu
§. 5. 2. b: Tingske zu Tong §. 10. 2. e) Gemination: Asse, Hissembein, Osse, wasse, т
в. §. 43: aus st entstanden in Bässefäder, aus Bästefäder == Groszvater; aus tt: К
aus Katte, autfries, katte, und Eik, aga, äe, also Eichkätzchen (Eichhörnchen). Aus
delsse aus dels-dö == thu-t du; schtels-se aus: schtels-dö == stehst du u. s. w.
  2) f ist weich zu sprechen: kroefe == langsam machen; laefe u. s. w.
  3) sch. Durch die Aussprache des sch wie sch, nicht s-ch scheidet sich die
Mundart scharf von den benachbarten westfälischen Mundarten ab. — In der
Mundart entstand sch ai an-, in-, auslautend aus as, u. s. w. sk: Schäp §. 12: s
§. 36. 3; schäppe §. 3. 1: Schoult §. 25. 1: schrive §. 14. 1: Schir §. 16: E.i-
§. 28. 1; Ban-schet, nhd. Barn-scheid, eigtl. Hofname, dann Familienname, in einer
von 1160 de barden-sceide: Han-schet, bei Lac. 54 (J. 839) hernat-sceet, nhd. Harn-
Hof- und Familienname. — Im Inlaute: dasche §. 2. 2: tesche, ahd. zwiskin -
Auslaute: Desch §. 5. 2. d: Fesch, ahd. fisk: Flesch, as. flesk; Mesch, as.fr. G. i
musca: dutsch §. 7: in der Ableitung--silbe -isch §. 4.
  b) as, u. s. w. st wird zu scht a) im Anlaute: schtön, as. stän: schtaeke, as. s
Schtein, as. stön: Schtröte §. 18. 1: schtrue §. 23: — β) im Inlaute in einigen F
wörtern: Kaschtöl, as. kastel, Burg: Kaschtölsgräve, Name einer Strasze; Pas-t:
Pastor; — γ) im In- und Auslaute, wenn r früher vor st gestanden hatte. B-g
§. 33. 5. Auf der Wasserscheide nach Essen hin in Schuir und Bredenei hört man i
Dost, Wost u. s. w.
  c) ag, sl, sm, sn, sr, sp im Anlaute ist schl, schm, schn, schr, schp gew-r.
Schloetel §. 21. 1. b: schmaer, zu andfr. und as. (Fr. Heb.) smero == Fett; s
§. 14. 1; Schplr, ein einzelner Halm einer Pflanze, z. B. Haverschplr, niederd. vom J l
spir == Aehre: ken Schplr == gar nichts: Bätschprei == Decke, die den Tag über i
Bett verhüllt.
  d) Auszer in den unter b) verzeichneten Beispielen findet sch im Inlaute s-:
datsche == viel sprechen: Flitsche §. 4; glitsche == gleiten: patsche, in Schm=-
Morast herumtreten; watsche == ohrfeigen; Wi-sche, ahd. wisa: in dem Deminutiv-B.
suffix -sche nach l, n und d bez. t: Heinsche von Häunt; Gatsche von Gäde; Ка-т
Karlchen; Moelsche == Mühlchen. — Ganz vereinzelt steht Schlöt == Salat, nd ul

Schulnachrichten.

I. Lehrverfassung.

1. Ober-Prima.

Ordinarius: Herr Oberlehrer Prof. Dr. **Saveleberg**.

Religionslehre a) *für die katholischen Schüler:* Wiederholung und zum Theil weitere Ausführung der Lehre von den Werken Gottes nach aussen. Die wichtigsten Begebenheiten der Kirchengeschichte von Bonifatius bis auf unsere Zeit. 2 St. Herr Oberlehrer *Bechem*.

b) *für die evangelischen Schüler:* Lectüre des Römer-Briefes im Grundtext. Das Wichtigste aus der Glaubens- und Sittenlehre. Die Augsburgische Confession. Kirchengeschichte 3. Theil (Noack § 80—95). 2 St. Herr Lic. theol. *Mettyenberg*.

Deutsch. Epische und lyrische Gedichte, insbesondere einzelne Abschnitte aus Klopstocks Messias und schwierigere Dichtungen Klopstocks und Goethes, wurden gelesen, erklärt und zum Theil memorirt (*Deycks-Kiesel*). *Goethes Iphigenie auf Tauris.* Geschichte der neueren Literatur seit Klopstock. Grundzüge der Logik. Freie Vorträge und Dispositionsübungen. Alle 4 Wochen ein Aufsatz; im Sommer eine, im Winter zwei Probearbeiten. 3 St. Herr Professor Dr. *Milz*.

Folgende Themata wurden bearbeitet: 1) In wiefern bezeichnet der Wormser Reichstag von 1495 einen Umschwung in den deutschen Verhältnissen? 2) Worauf stützt sich der Ausspruch Schillers über die zweite klassische Epoche unserer Literatur: „Selbst erschuf sie sich den Werth"? (Probearbeit) 3) Was ist in Herders Wahlspruch: „Licht, Liebe, Leben" als die Aufgabe des Menschen bezeichnet? 4) Horas als nationaler und patriotischer Dichter verglichen mit Rückert, Arndt, von Schenkendorf und Koerner. 5) Wie gelangt man zur Selbständigkeit? 6) Wie ward es möglich, dass im 17. Jahrhundert die Bourbonen an die Stelle der Habsburger traten, und Frankreich eine europäische Dictatur errang? (Probearbeit) 7) „Haltet am Glauben fest und fest an frommer Gesinnung! — Denn sie macht im Glücke verständig und sicher, im Unglück — Reicht sie den schönsten Trost und belebt die herrlichste Hoffnung." 8) Abiturienten-Arbeit. 9) Welchen Grundsätzen und Erfolgen verdankt Preussen seine Grösse?

Latein. *Tac. Germ. Cic. Tuscul.* I; privatim Ausgewähltes aus *Liv.* 3. Dekade. Grammatische und stilistische Unterweisungen; mündliche Uebersetzungen aus *Süpfle* III; Uebungen im Lateinsprechen. Exorcitien; Extemporalien; Aufsätze; Probearbeiten. 6 St. Der *Ordinarius*.

ь

Die Themata zu den lateinischen Aufsätzen waren: 1) Homos alit artes, omnesque ince
gloria, iacentque ea semper, quae apud quosque improbantur. 2) Ῥο εὖ πραττειν παρα τι ον αι:
καπῶς ηραττειν τοις ανοητοις γιγνεται. 3) Demosthenis et Ciceronis exitus comparentur. (Prob
prima fuerunt humanitatis civilisque cultus initia et documenta? 5) Q. Fabii Maximi, quod volgi
postque magisque, ut ait Ennius, gloria claret. 6) Xenocratem ferunt, in primis nobilem philosoj
reretur ex eo, quid discipuli assequerentur, res, ondisse: Ut id sua sponte facerent, quod cogerent:
(Probearbeit) 7) Timere prudentius quam sperare. 8) Abiturienten-Arbeit.

Hor. Carm. IV. und einzelne *Epoden. Sat.* I, 1. 3. 4. 6. Die erklärende M
in lateinischer Sprache. Zehn Oden wurden memorirt. 2 St. Herr Profess

Griechisch. *Demosth. Erste, zweite und dritte Olynth. Rede. Sophocl.*
vatim *Xen. Mem.* II und III m. A. Mündliche Uebersetzungen aus *Wendt-Sehn*
14 Tage eine häusliche Arbeit; in jedem Tertial zwei Probearbeiten. 4 St. Der
Hom. Il. XI—XIV. XVI. XVIII—XXIII; privatim XV und XVII. 6 St. D

Französisch. Die Lehre vom Zeitwort (*Knebel* § 93—114). Mündlic
setzungen aus *Probst* II; Extemporalien. Alle 14 Tage eine häusliche Arbeit
Tertial zwei Probearbeiten. Gelesen wurde *Molière, Le bourgeois-gentilhomme* u
Oraison funèbre de Louis de Bourbon. 2 St. Herr Oberlehrer Dr. *Eschweiler.*

Geschichte und Geographie. Die neuere Zeit und die brandenburgisch-p
Geschichte unter steter Berücksichtigung der politisch-historischen Geographi
titionen aus dem Pensum der Unter-Prima und der Secunda (*Pütz*). Neuere G
Europas, insbesondere Deutschlands und Preussens. 3 St. Herr Oberlehrer Dr. £

Mathematik. Die Lehre von den Körpern mit gekrümmter Oberfläche
Combinationslehre und binomischer Lehrsatz (*Heis*). Mathematische Uebungen un
titionen. 4 St. Herr Oberlehrer Dr. *Aussem.*

Physik. Mechanik und mathematische Geographie (*Boyman*). 2 St. Her
lehrer Dr. *Aussem.*

Hebräisch. Uebersetzung und Erklärung ausgewählter Stücke aus den hist
Büchern des A. T. (*Exod.* 20, 1- 17; I Sam. 3: 4, 1—19; 17; I Reg. 3) und
Psalmen. Wiederholung und Erläuterung wichtiger Regeln aus der Syntax
2 St. Herr Oberlehrer *Bechem.*

Aufgaben für die schriftliche Abiturienten-Prüfung.

1. *Religionslehre* a) katholische: Ueber die christliche Nächstenliebe.
   b) evangelische: Jesu Stellung zum Gesetz, nachgewiesen an Matth.
2. *Deutscher Aufsatz:* Was verpflichtet die Menschen zur Wahrhaftigkeit?
3. *Lateinischer Aufsatz:* Quibus potissimum rebus factum est, ut Greci
   quodam vinculo inter se continerentur?
4. *Mathematische Aufgaben:* a) Ein Dreieck zu construiren, welches einem
   gegebenen Dreiecken ähnlich ist, und dessen Inhalt das Doppelte von dem
   des andern beträgt.
   b) Einer Kugel, deren Radius = 15 cm ist, ist ein gerader abgestumpfter
   einbeschrieben. Welchen Inhalt hat derselbe, wenn seine Grundfläche
   und seine Gegenfläche 12 cm vom Mittelpunkte der Kugel entfern

c) x und y zu berechnen aus den Gleichungen:
$$x^4 + y^4 - 2x^2 - 4xy - 2y^2 = 2282$$
$$x + y = 10.$$

d) Von einem Dreiecke kennt man die Summe zweier Seiten, die dritte Seite und die Differenz der den beiden ersten Seiten gegenüberliegenden Winkel, nämlich a + b = 1566, c = 174, α − β = 83°16′ 1″,50. Wie gross sind die nicht gegebenen Seiten und Winkel desselben?

2. Unter-Prima.

Ordinarius: Herr Oberlehrer Prof. Dr. Milz.

Religionslehre a) *für die katholischen Schüler:* Wiederholung und zum Theil weitere Ausführung der Lehre von der göttlichen Offenbarung und ihren Erkenntnissquellon; von Gott und seiner Dreipersönlichkeit; von der Erschaffung und Erlösung der Welt. Die wichtigsten Begebenheiten der Kirchengeschichte von Bonifatius bis zur Reformation. 2 St. Herr Oberlehrer *Bechem.*

b) *für die evangelischen Schüler:* Combinirt mit Ober-Prima.

Deutsch. Epische und lyrische Gedichte, insbesondere Abschnitte des N. L. und der Kudrun, Lieder Walters v. d. Vogelweide und reflectirende Dichtungen Schillers, wurden gelesen, erklärt und zum Theil memorirt (*Deycks-Kiesel*). *Schillers Jungfrau von Orleans* und im Anschluss hieran das Wichtigste vom Drama. Geschichte der ältern Literatur bis Klopstock. Grundlehren der Psychologie. Freie Vorträge und Dispositions-übungen. Alle 4 Wochen ein Aufsatz; im Sommer eine, im Winter zwei Probearbeiten. 3 St. Herr Oberlehrer Dr. *Eschweiler.*

Folgende Themata wurden bearbeitet: 1) Entscheidungsschlachten des Alterthums. 2) Die Eiche, ein Baum voll Leben und Bedeutung. 3) Worauf gründet sich unsere Sehnsucht nach dem Rhein? (Probearbeit) 4) Der Charakter Volkers (nach dem Nibelungenliede). 5) Markgraf Rüdiger (nach dem Nibelungenliede). 6) Die Macht des Wortes. (Probearbeit) 7) Das Studium der vaterländischen Klassiker eine Ehrenpflicht. 8) Die Haupt-personen aus „des Sängers Fluch" von Uhland. 9) Der Gedankengang in Schillers „Spaziergang". (Probearbeit)

Latein. *Cic. de off.* I und *Tac. Annal.* I und II m. A. Privatim Ausgewähltes aus *Liv.* 1. Dokado und *Cic. de off.* II. Grammatische und stilistische Unterweisungen; mündliche Uebersetzungen aus *Süpfle* III; Uebungen im Lateinsprechen. Exercitien; Extemporalien; Aufsätze; Probearbeiten. 6 St. Der *Ordinarius.*

Die Themata zu den lateinischen Aufsätzen waren: 1) Occisus Caesar aliis pessimum, aliis pulcherrimum facinus videbatur (Tac. Ann. I, 8). 2) Romanorum imperium occidentale quibus de causis et quomodo interierit. (Probearbeit) 3) Laboribus deos cuncta mortalibus bona vendere. 4) Omnium societatum nulla est gravior, nulla carior quam ea, quae cum republica est unicuique nostrum. 5) Quibus de causis Romani superiores fuerint Carthaginiensibus. (Probearbeit) 6) Comparatur pugna Salaminia cum ea, qua Carolus Martellus ab Arabum incursione patriam suam liberavit. 7) Quibus laudibus Cicero rerum memoriam commendatam esse voluit? 8) Quae potissimum res liberae Romanorum rei publicae pestem ac perniciem attulerit. (Probearbeit) 9) Quibus de causis Germani a Romanis Augusto imperante victi non sunt?

Hor. Carm. I und II. Die erklärende Wiederholung in lateinischer Sprache. Zehn Oden wurden memorirt. 2 St. Herr Oberlehrer Dr. *Eschweiler.*

Griechisch. *Plat. Apol. Socr. und Crito. Demosth. Erste und zweite Olynth. Rede.* Privatim *Herod.* VI, 43. 44. 45. 94—140. Aus der Syntax die Lehre vom Infinitiv und Participium, von den Relativ- und Fragesätzen (Curtius § 559 ff.). Mündliche Uebersetzungen aus *Wendt-Schnelle* II. Alle 14 Tage eine häusliche Arbeit; in jedem Tertial zwei Probearbeiten.

Hom. Il. I. II. III. IV. VI. VII. X; privatim V. VIII. IX. 6 St. Der *Director.*

Französisch. Die Lehre von den Artikeln, den Casuspräpositionen, den Adjectiva und den Pronomina (*Knebel* § 69—92). Mündliche Uebersetzungen aus *Probst* II; Extemporalien. Alle 14 Tage eine häusliche Arbeit; in jedem Tertial zwei Probearbeiten. Gelesen wurde *Racine, Athalie* und *Barante, Histoire de Jeanne d'Arc.* 2 St. Herr Oberlehrer Dr. *Eschweiler.*

Geschichte und Geographie. Repetition der griechisch-römischen Geschichte; dann Geschichte des Mittelalters unter steter Berücksichtigung der historisch-politischen Geographie (*Pütz*). Neuere Geographie Europas, insbesondere Deutschlands. 3 St. Der *Ordinarius.*

Mathematik. Die Lehre von den allgemeinen Lagenverhältnissen; ausführlichere Behandlung der dreiseitigen körperlichen Ecke als Grundlage der sphärischen Trigonometrie; die Eulerschen Polyeder, namentlich Prisma und Pyramide; die regulären Körper (*Boyman*). Anwendung der quadratischen Gleichungen zur Lösung geometrischer Aufgaben. Unbestimmte Gleichungen; Kettenbrüche und deren Anwendung (*Heis*). Mathematische Uebungen und Aufgaben. 4 St. Herr Oberlehrer Dr. *Aussem.*

Physik. Mechanik und mathematische Geographie (*Boyman*). 2 St. Herr Oberlehrer Dr. *Aussem.*

Hebräisch. Combinirt mit Ober-Prima.

3. Ober-Secunda.

Ordinarius: Herr Oberlehrer Dr. **Eschweiler.**

Religionslehre a) *für die katholischen Schüler:* Die wichtigsten Begebenheiten der Kirchengeschichte bis auf Bonifatius. Aus der Sittenlehre die Lehre von den Geboten im allgemeinen und besonderen (*Dubelman* II). 2 St. Herr Oberlehrer *Bechem.*

b) *für die evangelischen Schüler:* Bibelkunde des A. T. 2. Theil (Noack § 19—30). 2 St. Herr Lic. theol. *Mettgenberg.*

Deutsch. Das Wichtigste aus der Dispositionslehre im Anschluss an die prosaische Lectüre. Die Lyrik und ihre verschiedenen Arten, erläutert an einer Auswahl leichter lyrischer Gedichte, vorzüglich von Goethe und Schiller, welche zum Theil memorirt wurden (*Deycks-Kiesel*). Dispositionsübungen. Alle vier Wochen ein Aufsatz: im Sommer eine, im Winter zwei Probearbeiten. 2 St. Herr Gymnasiallehrer Dr. *Brüll.*

Latein. *Liv.* XXI und XXII u. A. *Cic. pro Rosc. Amer.* Privatim im Sommer *Cic. Lael.*, im Winter Ausgewähltes aus *Liv.* II. Wiederholungen aus dem gesammten Gebiet der Syntax; ausserdem die Eigenthümlichkeiten im Gebrauche der Redetheile und die Lehre von der Wort- und Satzstellung (*Meiring* Cap. 106—125). Anleitung zu phraseologischen Sammlungen und zur Anfertigung lateinischer Aufsätze. Mündliche Uebersetzungen aus *Süpfle* II. Memoriren von Musterstücken und Uebungen im Lateinsprechen. Exercitien; Extemporalien; Aufsätze; Probearbeiten. 8 St. Der *Ordinarius*. *Verg. Aen.* V und VI. 100 Verse wurden memorirt. Metrische Uebungen (*Distichon*). 2 St. Herr Professor Dr. *Savelsberg*.

Griechisch. *Herod.* II, 1—13. VI, 1—65; 94—117. *Xen.* Mem. I, 1 und 2; II, 1. Privatim im Sommer Ausgewähltes aus *Xen. Anab.* I, im Winter aus *Her.* VII und VIII. Aus der Syntax die Lehre vom Gebrauch der Tempora und Modi, des Infinitivs und Particips (*Curtius* § 476—596). Mündliche und schriftliche Uebersetzungen aus *Wendt-Schnelle* II. Alle 14 Tage eine häusliche Arbeit; in jedem Tertial zwei Probearbeiten. *Hom.* Od. IX—XII; privatim VII und VIII. 100 Verse wurden memorirt. 6 St. Herr Professor Dr. *Savelsberg*.

Französisch. Abschnitt VIII und das Wichtigste aus Abschnitt IX der *Ploetz*schen Schulgrammatik; dann Kap. 1—3 (§ 70—85) der *Knebel*schen Grammatik nebst Uebersetzungen aus *Probst* II. Alle 14 Tage eine häusliche Arbeit; in jedem Tertial zwei Probearbeiten. Gelesen wurde *Dumas*, *Histoire de Napoléon*. 2 St. Herr Gymnasiallehrer Dr. *Brüll*.

Geschichte und Geographie. Römische Geschichte, incl. einer Uebersicht über die Kaisergeschichte; Repetitionen aus der griechischen Geschichte (*Pütz*). Neuere Geographie der italischen Halbinsel, Amerikas und Australiens. 3 St. Herr Gymnasiallehrer Dr. *Brüll*.

Mathematik. Beendigung der Planimetrie; specielle Behandlung der harmonischen Theilung gerader Linien; Goniometrie und ebene Trigonometrie (*Boyman*). Wiederholung der Lehre von den Potenzen und Wurzeln; Lehre von den Logarithmen; Gleichungen des zweiten Grades mit mehreren unbekannten Grössen; Progressionen; Zinseszins- und Rentenrechnung (*Heis*). Mathematische Uebungen und Aufgaben. 4 St. Herr Oberlehrer Dr. *Aussem*.

Physik. Lehre von der Wärme und der Electricität (*Boyman*). 1 St. Herr Oberlehrer Dr. *Aussem*.

Hebräisch. Die Formenlehre und Einiges aus der Syntax (*Vosen*). Uebungen im Lesen, Uebersetzen und Erklären. 2 St. Herr Oberlehrer *Bechem*.

4. Unter-Secunda.

Ordinarius: Herr Gymnasiallehrer Dr. **Aleters.**

Religionslehre a) *für die katholischen Schüler:* Die Lehre von Gott, dem Heiliger und Vollender (*Dubelman* I und II). 2 St. Herr Oberlehrer *Bechem*.

b) *für die evangelischen Schüler:* Combinirt mit Ober-Secunda.

Deutsch. Die verschiedenen Gattungen der Prosa und Poesie, insbesondere die Epik. Lectüre und Erklärung von epischen Gedichten, die zum Theil memorirt wurden, und von prosaischen Musterstücken der historischen Gattung (*Deycks-Kiesel*). *Goethes*

Hermann und Dorothea. Alle drei Wochen ein Aufsatz; im Sommer eine, im Winter zwei Probearbeiten. 2 St. Herr Gymnasiallehrer *Hankamer.*

Latein. *Cic. pro Archia; pro Deiotaro; de imperio Cn. Pomp. Liv.* V, 1—23. Privatim *Caes. B. C.* I und *Cic. C. M.* Die Syntax des Verbums in erweitertem Lehrgange (*Ellendt-Seyffert* § 234—303: 315—342). Genauere Behandlung der Synonyma; stilistische Anleitung; das Allgemeinste über Wortstellung und Satzbildung. Mündliche Uebersetzungen aus *Süpfle* II. Memoriren von Musterstücken und Uebungen im Lateinsprechen. Exercitien; Extemporalien; in jedem Tertial zwei Probearbeiten. 8 St. Der *Ordinarius.* *Verg. Aen.* I und II. Aus jedem Gesange wurden 50 Verse memorirt. Wiederholung und Erweiterung der Verslehre nach *Ellendt-Seyffert* Anhang I. Metrische Uebungen (Distichen). 2 St. Herr Professor Dr. *Milz.*

Griechisch. *Xen. Anab.* II und III: privatim I und V z. Th. Kurze Wiederholung der Formenlehre. Aus der Syntax die Lehre vom Artikel, vom Gebrauch der Casus, von den Präpositionen und vom Pronomen. (*Curtius* § 361—476); die Hauptregeln aus der Moduslehre (*Curtius*). Mündliche und schriftliche Uebersetzungen aus *Wendt-Schnelle* II. Alle 14 Tage eine häusliche Arbeit; in jedem Tertial zwei Probearbeiten. *Hom. Od.* I. II. IV; privatim III und VI. 100 Verse wurden memorirt. 6 St. Der *Ordinarius.*

Französisch. Aus der Schulgrammatik von *Ploetz* die Abschnitte VII und VIII: Repetition der Tempus- und Moduslehre. Alle 14 Tage eine häusliche Arbeit; in jedem Tertial zwei Probearbeiten. Gelesen wurde *Rollin, Hommes illustres de l'antiquité* m. A. 2 St. Herr Gymnasiallehrer *Hankamer.*

Geschichte und Geographie. Geschichte des Orients und Griechenlands (*Pütz*). Neuere Geographie von Asien, Afrika und der griechisch-türkischen Halbinsel. 3 St. Herr Professor Dr. *Milz.*

Mathematik. Wiederholung und Erweiterung des Pensums der Ober-Tertia. Hierauf die Lehre von der Aehnlichkeit der Figuren und von der Proportionalität ihrer Seiten und Flächen; die Eigenschaften der Vielecke, besonders der regulären; Bestimmung der Zahl π (*Boyman*). Cubiren ein- und mehrgliedriger Ausdrücke; Ausziehen der Cubikwurzel; Gleichungen des ersten Grades mit mehreren und des zweiten Grades mit einer unbekannten Grösse; Lehre von den Potenzen und Wurzeln (*Heis*). Mathematische Uebungen und Aufgaben. 4 St. Herr Oberlehrer Dr. *Anssem.*

Physik. Allgemeine und besondere Eigenschaften der Körper aller Aggregatzustände: Grundbegriffe der Chemie; Magnetismus (*Boyman*). 1 St. Herr Oberlehrer Dr. *Anssem.*

Hebräisch. Combinirt mit Ober-Secunda.

5. Ober-Tertia.

Ordinarius: Herr Gymnasiallehrer Dr. **Brüll.**

Religionslehre a) *für die katholischen Schüler:* Die Lehre von Gott, dem Schöpfer und Erlöser (*Dubelman* I). Uebersetzung und Erklärung der gebräuchlichsten im Gesangbuche enthaltenen Hymnen. 2 St. Herr Oberlehrer *Bechem.*

b) *für die evangelischen Schüler:* Bibelkunde des N. T. 2. Theil (Noack § 36—45).
2 St. Herr Lic. theol. *Mettgenberg.*

Deutsch. Wortbildungs- und Satzlehre (Periode). Die wichtigsten Tropen und
Figuren im Anschluss an die Lectüre und Erklärung poetischer und prosaischer Musterstücke (*Deycks-Kiesel*). Uebungen im Losen und Vortragen. Alle drei Wochen eine
häusliche Arbeit; im Sommer zwei, im Winter drei Probearbeiten. 2 St. Herr *Körholz.*

Latein. *Caes. B. G.* V, 24—58. VI. VII, 1—10. Die Lehre von den Partikeln
und Wortbildungslehre (*Ellendt-Seyffert* § 119—128). Die Syntax des Nomens und Pro-
nomens in erweitertem Lehrgange (*Ellendt-Seyffert* § 129—201). Schriftliche und mündliche Uebersetzungen aus *Meiring.* Memoriren von Vocabeln und Phrasen mit besonderer
Rücksicht auf die wichtigsten Synonyma. Wöchentlich abwechselnd ein Exercitium
oder ein Extemporale; monatlich eine Probearbeit.

Ovid Metam. VI, 313—400. VIII, 260—545. X, 1—77. XIII, 1—398. 100 Verse
wurden memorirt. Mit Wiederholung des Wichtigsten aus der Prosodie und Metrik
wurden metrische Uebungen verbunden. 10 St. Der *Ordinarius.*

Griechisch. Wiederholung und Ergänzung der unregelmässigen Verba. Die Laut-
und Wortbildungslehre in übersichtlicher Darstellung (*Curtius* Cap. 1—5 und Cap. 18).
Das Wichtigste vom Gebrauch der Präpositionen und der Casus (*Curtius*). Schriftliche
und mündliche Uebersetzungen nach *Wesener* II. Im Winter *Xen. Anab.* I, 1 und 2;
Hom. Od. I, 1—200; das Wichtigste aus der homerischen Formenlehre und Einprägung
der ersten 50 Verse. Alle 14 Tage eine häusliche Arbeit; in jedem Tertial zwei Probearbeiten. 6 St. Herr *Körholz.*

Französisch. Die Abschnitte III. IV. V und VI der Schulgrammatik von *Ploetz.*
Memoriren der Vocabeln und Phrasen, sowie einzelner Losestücke. Alle 14 Tage eine
häusliche Arbeit; in jedem Tertial zwei Probearbeiten. 2 St. Herr Gymnasiallehrer
Hankamer.

Geschichte und Geographie. Die deutsche Geschichte der neuern und neuesten
Zeit bis 1871 mit besonderer Berücksichtigung der brandenburgisch-preussischen Ge-
schichte (*Pütz*). Geographie von Deutschland, Amerika und Australien. 3 St. Der
Ordinarius.

Mathematik. a) *Geometrie:* Fortsetzung der Kreislehre; die Lehre von der Gleichheit
geradliniger Figuren (*Boyman* § 53—65). b) *Algebra:* Theilbarkeit der Zahlen; Zerlegung
algebraischer Ausdrücke in Faktoren; Verhältnisse und Proportionen; Ausziehung der
Quadratwurzel aus Zahlen und Buchstaben-Ausdrücken; Gleichungen des ersten Grades
mit einer Unbekannten (*Heis* § 31—33b, 50 und 51, 60—64). In regelmässiger Folge
häusliche und Classenarbeiten. 3 St. Herr Gymnasiallehrer Dr. *Schüller.*

Naturgeschichte. a) Im Sommer: Systematische Behandlung des natürlichen
Pflanzensystems. Einiges aus der Anatomie und Physiologie der Pflanzen (*Schilling*).
b) Im Winter: Krystallographie und Oryktognosie; das Wichtigste aus der Geognosie
und Paläontologie; Beschreibung und Vorzeigung technisch wichtiger und allgemein
verbreiteter Mineralien und Gesteine (*Schilling*). 2 St. Herr Gymnasiallehrer Dr. *Schüller.*

6. Unter-Tertia,

in zwei parallele Coetus (A und B) getheilt.

Ordinarius von Coetus A: Herr Oberlehrer **Müller**; Ordinarius von Coetus B:
Herr Gymnasiallehrer Dr. **Schäfer.**

Religionslehre a) *für die katholischen Schüler:* Einleitung in die Religionslehre.
Die Lehre von Gott, dem Einen und Dreipersönlichen (*Dubelman* I). Erklärung der kirch-
lichen Feste. 2 St. In den comb. Coetus Herr Oberlehrer *Bechem.*

b) *für die evangelischen Schüler:* Combinirt mit Ober-Tertia.

Deutsch. Erklärung von poetischen und prosaischen Musterstücken nebst Uebungen
im Lesen und Vortragen (*Linnig*). Fortsetzung der Satzlehre (verkürzter Nebensatz)
Alle 14 Tage eine häusliche Arbeit; im Sommer zwei, im Winter drei Probearbeiten.
2 St. In Coetus A Herr Gymnasiallehrer Dr. *Koch,* in Coetus B Herr Gymnasiallehrer
Sommer.

Latein. *Caes. B. G.* in Coetus A I und II; in Coetus B I. 1—30. III. V. Die
Hauptregeln aus der Syntax des Verbums (*Ellendt-Seyffert* § 234 – 242) unter Einprägung
von Mustersätzen. Schriftliche und mündliche Uebersetzungen aus *Meiring.* Memoriren
von Vocabeln und Phrasen. Wöchentlich abwechselnd ein Exercitium oder ein Extemporale; monatlich eine Probearbeit.

Ovid. Metam. in Coetus A I, 1—415. II. 1—115; in Coetus B I, 1—88. II.
563—603; 615—789. V, 1—249. 100 Verse wurden memorirt. Das Wichtigste aus
der Prosodie und Metrik (*Ellendt-Seyffert* Anhang I) mit metrischen Uebungen. 10 St.
Die *Ordinarien.*

Griechisch. Wiederholung und Erweiterung des Pensums der Quarta. Die Verba
in *μι* und die meisten unregelmässigen Zeitwörter (*Curtius*). Schriftliche und mündliche
Uebersetzungen aus *Wesener* I und II. Alle 14 Tage eine häusliche Arbeit; in jedem
Tertial zwei Probearbeiten. 6 St. In Coetus A Herr Gymnasiallehrer Dr. *Koch,* in Coetus B
der *Ordinarius.*

Französisch. Wiederholung des regelmässigen Zeitwortes; dann aus *Ploetz* Schulgrammatik die Abschnitte I—III. Memoriren der Vocabeln und Phrasen. Alle 14 Tage
eine häusliche Arbeit; in jedem Tertial zwei Probearbeiten. 2 St. In Coetus A Herr
Gymnasiallehrer *Hankamer,* in Coetus B Herr *Brandt.*

Geschichte und Geographie. Deutsche Geschichte bis zur Reformation (*Pütz*).
Geographie von Nord- und Mittel-Europa mit Ausschluss von Deutschland. 3 St. In
Coetus A der *Ordinarius,* in Coetus B Herr Gymnasiallehrer *Sommer.*

Mathematik. a) *Geometrie:* Die Congruenz der Dreiecke; die nicht congruenten
Dreiecke und die Transversalen im Dreieck; die Lehre von den Parallelogrammen;
zahlreiche Constructionsaufgaben (*Boyman* § 34 —37; 39 —45). — b) *Algebra:* Multiplication
und Division mit einfachen und zusammengesetzten algebraischen Ausdrücken; Null und
negative Zahlen; Theilbarkeit der Zahlen; Aufsuchen des gemeinschaftlichen Divisors und
Dividuus (*Heis* § 14—28). In regelmässiger Folge häusliche und Classenarbeiten. 3 St.
In beiden Coetus Herr Gymnasiallehrer Dr. *Schüller.*

Naturgeschichte. a) Im Sommer: Kurze Uebersicht über die Botanik mit Berücksichtigung des *Linné*schen und des natürlichen Systems; Vorzeigung und Beschreibung von Pflanzen aus der Flora von Aachen (*Schilling*). b) Im Winter: Beschreibung und Vorzeigung der wichtigsten Reptilien, Amphibien und Fische, sowie verschiedener niederen Thiere (*Schilling*). 2 St. In beiden Coetus Herr Gymnasiallehrer Dr. *Schüller.*

7. Quarta,
in zwei parallele Coetus (A und B) getheilt.

Ordinarius von Coetus A: Herr Gymnasiallehrer **Sommer**; Ordinarius von Coetus B: Herr Gymnasiallehrer **Hankamer.**

Religionslehre a) *für die katholischen Schüler:* Das dritte Hauptstück des Diöcesan-Katechismus. Fortsetzung der biblischen Geschichte des A. und N. T. (*Schuster*). Erklärung der wichtigern liturgischen Gebräuche nach der Ordnung des Kirchenjahres. 2 St. In den comb. Coetus Herr Oberlehrer *Bechem.*

b) *für die evangelischen Schüler:* Biblische Geschichte des N. T. (*Schulz*). Memoriren ausgewählter Bibelstellen und Kirchenlieder. Das christliche Kirchenjahr. 2 St. Herr Lic. theol. *Mettgenberg.*

Deutsch. Uebungen im Lesen und Vortragen, verbunden mit sprachlicher und sachlicher Erklärung der betreffenden poetischen und prosaischen Musterstücke (*Linnig*). Ausführlichere Wiederholung der Satz- und Interpunctionslehre (einfacher und zusammengesetzter Satz). Uebungen im Rechtschreiben und Nacherzählen. Alle 14 Tage eine häusliche Arbeit; im Sommer zwei, im Winter drei Probearbeiten. 2 St. In Coetus A Herr Gymnasiallehrer Dr. *Schäfer*, in Coetus B Herr *Brandt.*

Latein. Aus *Lattmanns* Lesebuch in Coetus A Miltiades, Alcibiades, Pelopidas und Epaminondas; in Coetus B Alcibiades, Agesilaus, Pelopidas und Epaminondas. Nach Wiederholung und Erweiterung der Formenlehre die Hauptregeln aus der Syntaxis convenientiae und der Casuslehre (*Ellendt-Seyffert* § 129—201) unter Einprägung von Mustersätzen. Schriftliches und mündliches Uebersetzen aus *Meiring.* Memoriren von Vocabeln und Phrasen. Wöchentlich abwechselnd ein Exercitium oder ein Extemporale; monatlich eine Probearbeit. 10 St. Die *Ordinarien.*

Griechisch. Die Formenlehre bis zu den Verba in $\mu\iota$ mit Ausschluss der Verba liquida und alles Seltenern (*Curtius*). Mündliches und schriftliches Uebersetzen aus *Wesener* I. Alle 14 Tage eine häusliche Arbeit; in jedem Tertial zwei Probearbeiten. 6 St. In Coëtus A der *Ordinarius*, in Coetus B Herr Dr. *Wolff.*

Französisch. *Ploetz* Elementargrammatik L. 61—105. Memoriren der Vocabeln. Alle 14 Tage eine häusliche Arbeit; in jedem Tertial zwei Probearbeiten. 2 St. In Coetus A Herr Gymnasiallehrer *Hankamer*, in Coetus B Herr *Brandt.*

Geschichte und Geographie. Geschichte des Alterthums bis auf Augustus (*Pütz*). Neuere Geographie von Asien, Afrika und den drei südlichen Halbinseln Europas. 3 St. In Coetus A Herr Gymnasiallehrer Dr. *Schäfer*, in Coetus B Herr *Brandt.*

Mathematik a) *Rechnen:* Aufgaben aus der Zins-, Rabatt-, Diskonto- und Gesell-schaftsrechnung. b) *Geometrie:* Die Lehre von den allgemeinen Eigenschaften der Raum-gebilde; von der geraden Linie, den Winkeln, den Parallelen und den Dreiecken (*Boyman* § 1—35). — b) *Algebra:* Addition und Subtraction einfacher und zusammengesetzter algebraischer Ausdrücke (*Heis* § 4—13b). In regelmässiger Folge häusliche und Classen-arbeiten. 3 St. In Coetus A Herr Gymnasiallehrer Dr. *Schüller*, in Coetus B Herr *Weitz*.

8. Quinta,
in zwei parallele Coetus (A und B) getheilt.

Ordinarius von Coetus A: Herr **Körholz**; Ordinarius von Coetus B: Herr Dr. **Wolff**.

Religionslehre a) *für die katholischen Schüler:* Das zweite Hauptstück des Diöcesan-Katechismus. Die biblische Geschichte des N. T. (Schuster). 3 St. In beiden Coetus Herr Gymnasiallehrer Dr. *Alsters*.

b) *für die evangelischen Schüler:* Biblische Geschichte des A. T. 1. Theil (*Schulz*). Die zehn Gebote. Memoriren ausgewählter Bibelstellen und Kirchenlieder. 2 St. Herr Lic. theol. *Mettgenberg*.

Deutsch. Lesen und Erklären von prosaischen Musterstücken und Gedichten (*Linnig*). Uebungen im Nacherzählen und Vortragen. Starke und schwache Conjugation; das Wichtigste von den Präpositionen und vom zusammengesetzten Satz, Unterweisungen und Uebungen in der Orthographie und Interpunktion. Alle 14 Tage eine häusliche Arbeit mit besonderer Berücksichtigung römischer und deutscher Sagen; in jedem Tertial zwei Probearbeiten. 2 St. Die *Ordinarien.*

Latein. Wiederholung und Ergänzung der regelmässigen, Einübung der unregel-mässigen Formen (*Ellendt-Seyffert*). Einiges aus der Syntax. Mündliche und schriftliche Uebersetzungen aus *Meiring.* Memoriren der Vocabeln. Wöchentlich abwechselnd ein Exercitium oder ein Extemporale; monatlich eine Probearbeit. 10 St. Die *Ordinarien.*

Französisch. *Ploetz* Elementargrammatik L. 1—60. Memoriren der Vocabeln. Alle 14 Tage eine häusliche Arbeit; in jedem Tertial zwei Probearbeiten. 3 St. In Coetus A Herr *Weitz*, in Coetus B der *Ordinarius.*

Geographie. Wiederholungen aus dem Pensum der Sexta. Geographie Europas, speciell Deutschlands (*Daniel*). Entwerfen geographischer Bilder an der Wandtafel und Kartenzeichnen. 2 St. In Coetus A der *Ordinarius*, in Coetus B Herr Oberlehrer *Müller*.

Rechnen. Wiederholung und Erweiterung der Lehre von den Brüchen: Decimal-brüche; Procent-, Zins-, Rabatt-, Gesellschafts- und Vermischungsrechnung (*Schellen*). Uebungen im Kopfrechnen. In regelmässiger Folge häusliche und Classenarbeiten. 3 St. In beiden Coetus Herr *Weitz*.

Naturgeschichte. a) Im Sommer: Erweiterung des Pensums der Sexta; Be-schreibung einer grössern Anzahl von Phanerogamen mit Zugrundelegung des *Linné'schen* Systems (*Schilling*). b) Im Winter: Systematische Beschreibung der Säugethiere und Vögel unter Vorzeigung der betreffenden Thiere in ausgestopften Exemplaren oder in Abbildungen (*Schilling*). 2 St. In beiden Coetus Herr *Weitz*.

9. Sexta,

in zwei parallele Coetus (A und B) getheilt.

Ordinarius von Coetus A: Herr **Brandt**;
Ordinarius von Coetus B: Herr Gymnasiallehrer Dr. **Koch.**

Religionslehre a) *für die katholischen Schüler:* Einübung der gebräuchlichsten Gebete. Beichtunterricht. Das erste Hauptstück des Diöcesan-Katechismus. Die biblische Geschichte des A. T. (*Schuster*). 3 St. In den comb. Coetus Herr Gymnasiallehrer Dr. *Alsters.*

b) *für die evangelischen Schüler:* Combinirt mit Quinta.

Deutsch. Lesen und Erklären von prosaischen Musterstücken und Gedichten (*Linnig*); Uebungen im Nacherzählen und Vortragen. Starke und schwache Deklination; das Wichtigste vom einfachen und vom zusammengezogenen Satze. Unterweisungen und Uebungen in der Orthographie und Interpunktion. Alle 14 Tage eine häusliche Arbeit mit besonderer Berücksichtigung griechischer Sagen; in jedem Tertial zwei Probearbeiten. 2 St. Die *Ordinarien.*

Latein. Die Lehre von den regelmässigen Formen mit Ausschluss alles Selteneren (*Ellendt-Seyffert*). Uebungen im mündlichen und schriftlichen Uebersetzen nach *Meiring*. Memoriren der Vocabeln. Wöchentlich abwechselnd ein Exercitium oder ein Extemporale; monatlich eine Probearbeit. 10 St. Die *Ordinarien.*

Rechnen. Die vier Species in ganzen und gebrochenen, in benannten und unbenannten Zahlen (*Schellen*). Uebungen im Kopfrechnen. In regelmässiger Folge häusliche und Classenarbeiten. 4 St. In Coetus A Herr Gymnasiallehrer Dr. *Schüller*, in Coetus B Herr *Weitz.*

Geographie. Das Nothwendigste aus der mathematischen und physischen Geographie. Grenzen und Theile des Meeres; die Continente und Erdtheile. Geographie von Asien, Afrika, Amerika und Australien (*Daniel*). Entwerfen geographischer Bilder an der Tafel; Versuche im Kartenzeichnen. 2 St. In Coetus A Herr Oberlehrer *Müller*, in Coetus B der *Ordinarius.*

Naturgeschichte. a) Im Sommer: Uebersicht über das ganze Gebiet der Naturbeschreibung; dann der innere und äussere Bau, sowie die allgemeinen Eigenschaften der Pflanzen; genauere Behandlung der Blattformen (*Schilling*). b) Im Winter: Beschreibung und Vorzeigung einer grossen Anzahl von Säugethieren (*Schilling*). 2 St. In Coetus A Herr Gymnasiallehrer Dr. *Schüller*, in Coetus B Herr *Weitz.*

10. Technischer Unterricht der Gymnasial-Classen.

1. **Schreiben.** In jedem der vier Coetus der VI und V 3 St. Herr *Jansen* und Herr *Schulze.*

2. **Zeichnen.** In jedem der sechs Coetus der VI, V und IV 2 St. Ausserdem wurden im Sommer 27, im Winter 39 Schüler aus den übrigen Classen, welche sich im Zeichnen vervollkommnen wollten, in 2 St. besonders unterwiesen. Herr *von Reth.*

3. **Gesang.** In IV, V und VI je 2 St.; für den aus Schülern aller Classen bestehenden gemischten Chor 2 St. Herr *Kremers.*

4. **Turnen.** Im Sommer übten sämmtliche Schüler in 3 Abtheilungen wöchentlich je 2 St., im Winter je 1 St.; ausserdem die Vorturner während des Winters in einer besonderu Stunde. Herr Gymnasiallehrer Dr. *Schäfer.*

11. Gymnasial-Vorschule. *)

I. Classe: Ordinarius Herr Jansen.

Religionslehre. Wiederholung und Befestigung der früher gelernten Wahrheiten aus der Glaubens- und Sittenlehre. Einiges von den heil. Sacramenten, insbesondere von dem Busssacrament zur Vorbereitung auf die Beichte (Diöcesan-Katechismus). Leichte Erzählungen aus der heiligen Schrift des A. und N. T., letztere im Anschluss an die kirchliche Festzeit (*Schuster*). 3 St. Herr Oberlehrer *Bechem.*

Deutsch. a) Lesen: Ausgewählte Stücke aus dem Lesebuch (Abth. I. *Linnig.* Abth. II *Büscher*). Uebungen im Wiedererzählen und im Vortragen von Gedichten. 5 St. — b) Grammatik: Kenntniss der Wortarten: deren Gebrauch und Abänderung; das Wichtigste vom Satze. 3 St. — c) Orthographie: Aufstellung von Wörtergruppen nach den orthographischen Schwierigkeiten. Dictate. 3 St. — d) Aufsatz: Kleine Erzählungen und Beschreibungen nach Anleitung. 2 St. Der *Ordinarius.*

Rechnen. a) Kopfrechnen: Addiren und Subtrahiren im Zahlenkreise von 1—1000. Multipliciren mit einstelligen Zahlen und Dividiren durch einstellige Zahlen in demselben Zahlenkreise. b) Schriftrechnen: Die vier Species mit unbenannten ganzen Zahlen; Kenntniss der Münzen, Maasse und Gewichte; Uebungen im Resolviren und Reduciren (*Richter* und *Grünings* II). 5 St. Der *Ordinarius.*

Geographie. Vorbegriffe. Uebungen im Orientiren. Die Stadt Aachen und ihre Umgebung. Der Regierungsbezirk Aachen. Die Rheinprovinz: die Provinz Westfalen. Deutschlands Grösse, Grenzen, Gebirge und Hauptflüsse. 1 St. Der *Ordinarius.*

Schreiben. 4 St. Der *Ordinarius.*

Zeichnen. Gerade Linien, Winkel, geradlinige Figuren. 1 St. Der *Ordinarius.*

Gesang. 1 St. Der *Ordinarius.*

II. Classe: Ordinarius Herr Schulze.

Erste Abtheilung.

Religionslehre. a) Erklärung und Einprägung der gewöhnlichen kleinen Gebete. Die einfachsten Wahrheiten aus der Glaubens- und Sittenlehre (Diöcesan-Katechismus). Leichte Erzählungen aus der h. Schrift des A. und N. T., letztere meist im Anschluss an die kirchliche Festzeit (*Schuster*). 2 St. Herr Gymnasiallehrer Dr. *Alsters.* — b) Ausgewählte Lectionen des A. und N. T. 1 St. Der *Ordinarius.*

---

*) In beiden Vorschul-Classen ist der Cursus zweijährig: doch ist für strebsame und begabte Schüler die Möglichkeit nicht ausgeschlossen, das Pensum der I. Classe in einem Jahre zu absolviren.

Deutsch. a) Anschauungs-Unterricht: Die Schule, das Haus, die Flur, der Wald (Bildersammlungen von *Schreiber, Winkelmann, Schumacher*). Ausgewählte Mährchen und Erzählungen. 2 St. — b) Lesen: Einfache Lesestücke, meist im Anschluss an den Anschauungsunterricht, und Gedichte (*Bütcher*). Uebungen im Vortragen. 5/2 St. — c) Grammatik und Orthographie: Kenntniss und Gebrauch der Begriffswörter. Gruppirung von Wörtern mit gleichen An- und Auslauten, mit gedehnten und geschärften Vokalen. Dictate zur Einprägung dieser Wortbilder. 8/2 St. Der *Ordinarius.*

Rechnen. Die vier Species im Zahlenraume 1—200 (*Richter* und *Gröning* II). 4 St. Der *Ordinarius.*

Schreiben. 3/2 St. Der *Ordinarius.*

Gesang. 1 St. Der *Ordinarius.*

Zweite Abtheilung.

Religionslehre. Combinirt mit der 1. Abtheilung.

Deutsch. a) Anschauungsunterricht: Combinirt mit der 1. Abtheilung. — b) Schreibleseunterricht: Der Inhalt der Fibel (*Bütcher*). 9/2 St. Der *Ordinarius.*

Rechnen. Addiren und Subtrahiren mit den Zahlen 1—100 (Rechenfibel von *Kentenich*). 4/2 St. Der *Ordinarius.*

Schreiben. 3/2 St. Der *Ordinarius.*

Gesang. Combinirt mit der 1. Abtheilung.

	Lehrer:	Ordinarius in	Prima		Secunda		Tertia sup.
			sup.	inf.	sup.	inf.	
1.	Dr. Schwenger, *Director.*		Hom. 2	Griech. 6			
2.	Professor Dr. Savelsberg, *Oberlehrer.*	I sup.	Latein 6 Griech. 4		Griech. 5 Virg. 3		
3.	Professor Dr. Milz, *Oberlehrer.*	I inf.	Deutsch 3 Hor. 2	Latein 6 Ovnch. 3		Ovsch. 8 Virg. 2	
4.	Bechem, *Oberlehrer.*		Relig. 2 Hebräisch 2	Relig. 2	Relig. 2 Hebräisch 2	Relig. 2	Relig. 2
5.	Dr. Eschweiler, *Oberlehrer.*	II sup.	Gesch. 3 Franz. 3	Deutsch 3 Hor. 2 Franz. 2	Latein 8		
6.	Dr. Auasem, *Oberlehrer.*		Mathem. 4 Physik 2	Mathem. 4 Physik 2	Mathem. 4 Physik 1	Mathem. 4 Physik 1	
7.	Müller, *Oberlehrer.*	III inf. A.					
8.	Dr. Alsters, *Ordentlicher Lehrer.*	II inf.			Latein 8 Griech. 6		
9.	Semmer, *Ordentlicher Lehrer.*	IV A.					
10.	Hankamer, *Ordentlicher Lehrer.*	IV B.			Deutsch 2 Franz. 2		Französisch 2
11.	Dr. Schüller, *Ordentlicher Lehrer.*						Mathem. 3 Naturgesch. 2
12.	Dr. Schäfer, *Ordentlicher Lehrer.*	III inf. B.					
13.	Dr. Brüll, *Ordentlicher Lehrer.*	III sup.			Gesch. 5 Deutsch 3 Franz. 2		Latein 10 Geschichte 3
14.	Dr. Koch I, *Ordentlicher Lehrer.*	VI B.					
15.	Dr. Wolf, *Commissarischer Lehrer.*	V B.					
16.	Brandt, *Commissarischer Lehrer.*	VI A.					
17.	Weitz, *Commissarischer Lehrer.*						
18.	Körholz, *Commissarischer Lehrer.*	V A.					Griechisch 6 Deutsch 3
19.	Meitgenberg, *Lic. theol.*		Evang. Religionslehre 2		Evang. Religionslehre 2		Evangelische
20.	Dr. Koch II, *Cand. proband.*						
21.	Kremers, *Gesanglehrer.*		Gesang für den aus Schülern aller Classen bestehenden gemischten Chor				
22.	von Reth, *Zeichenlehrer.*		Zeichnen für Schüler der Classen I—III				
23.	Jansen, *Elementarlehrer.*	Vorschule Cl. I.					
24.	Schulze, *) *Elementarlehrer.*	Vorschule Cl. II.					

*) Seit dem 1. October 1878; vorher Rehmets.

Tabelle
und die Vertheilung des Unterrichts.

Tertia inf.		Quarta.		Quinta.		Sexta.		Vorschule.		Zahl der Unterrichtsstunden.
Coet. A.	Coet. B.	Coet. A.	Coet. B.	Coet. A.	Coet. B.	Coet. A.	Coet. B.	Cl. I.	Cl. II.	
										6
										18
										19
Religionslehre 2		Religionslehre 2						Relig. 3		21
										20
										22
Latein 10 Gesch. 3					Geogr. 2	Geogr. 2				17
				Relig. 3	Relig. 3	Religionslehre 3			Relig. 3	25
	Gesch. 3 Deutsch 2	Latein 10 Griech. 6								21
Franz. 2		Franz. 2	Latein 10							20
Mathem. 3 Naturg. 2	Mathem. 3 Naturg. 2	Mathem. 3				Rechnen 4 Naturg. 2				24
	Latein 10 Griech. 6	Gesch. 3 Deutsch 2								21
										20
Griech. 6 Deutsch 2							Latein 10 Deutsch 2 Geogr. 2			22
		Griech. 6			Latein 10 Deutsch 3 Franz. 3					21
	Franz. 2		Gesch. 3 Franz. 2 Deutsch 2			Latein 10 Deutsch 2				21
		Mathem. 3		Franz. 3 Rechnen 3 Naturg. 2	Rechnen 3 Naturg. 2		Rechnen 4 Naturg. 2			22
				Latein 10 Deutsch 2 Geogr. 2						22
Religionslehre 2		Evang. Religions. 2		Evangelische Religionslehre 2						10
2 St.		Gesang 2		Gesang 2		Gesang 2				8
2 St.		Zeichnen 2	Zeichnen 2	Zeichnen 2	Zeichnen 2	Zeichnen 2	Zeichnen 2			14
					Schreiben 3		Schreiben 3	25 St.		31
				Schreiben 3		Schreiben 3			24 St.	30

II. Verordnungen.

1. Unter dem 28. Mai 1878 lenkt das Königl. Provinzial-Schulcollegium die Aufmerksamkeit des Lehrercollegiums auf die Schrift des Augenarztes Dr. *Katz* zu Berlin: „Die Ursachen der Erblindung."

2. Ministerial-Verfügung vom 13. Juni 1878, mitgetheilt durch das Königl. Provinzial-Schulcollegium unter dem 18. Juni 1878, nimmt von den verbrecherischen Attentaten gegen Seine Majestät den Kaiser und König Anlass, um darauf hinzuweisen, wie die höhern Schulen die Pflicht und Fähigkeit haben, der in unehrerbietigen Aeusserungen einzelner Schüler und in der Theilnahme solcher an socialdemokratischen Versammlungen hervortretenden beklagenswerthen Geistesrichtung entgegenzuwirken.

3. Durch Ministerial-Verfügung vom 18. Juni 1878, mitgetheilt durch das Königl. Provinzial-Schulcollegium unter dem 1. Juli 1878, wird bestimmt, dass revaccinirte Schüler für die Dauer von 14 Tagen, von der Vollziehung der Wiederimpfung an gerechnet, zu Turnübungen nicht heranzuziehen sind.

4. Unter dem 2. Dezember 1878 erklärt das Königl. Provinzial-Schulcollegium die Einsammlung kleiner Beiträge zum Zwecke der Vollendung des National-Denkmals auf dem Niederwalde unter den Schülern der Gymnasial- und Reallehranstalten für zulässig.

5. Unter dem 1. Februar 1879 theilt das Königl. Provinzial-Schulcollegium mit, dass die erste rheinische Directoren-Conferenz im Jahre 1880 (zu Bonn) abgehalten worden soll, und trifft die vorbereitenden Anordnungen.

6. Durch Verfügung des Königl. Provinzial-Schulcollegiums vom 18. Februar 1879 wird für das Jahr 1879 die Dauer der Osterferien auf die Zeit vom 9. bis einschl. 23. April, die der Herbstferien auf die Zeit vom 21. August bis einschl. 28. September festgesetzt.

III. Chronik.

Das Schuljahr 1878/79 wurde eröffnet Montag, den 6. Mai 1878, nachdem am 4. und 5. Mai die Aufnahme-Prüfungen stattgefunden hatten.

Mit dem Wechsel des Schuljahrs traten folgende Personal-Veränderungen ein: Der commissarische Lehrer *Carl Vecqueray* ging als ordentlicher Lehrer an das Progymnasium zu Euskirchen über.

An seine Stelle trat in Folge Verfügung des Königl. Provinzial-Schulcollegiums vom 25. April 1878 der Candidat des höhern Lehramtes Dr. *Johann Wolff*, welcher vorher bereits an den Gymnasien zu Emmerich und Trier beschäftigt gewesen war.

Aus Anlass der beiden verbrecherischen Angriffe auf das Leben Seiner Majestät unseres Kaisers fanden am 19. Mai und 7. Juni in der Gymnasialkirche feierliche Dank- und Bittgottesdienste statt.

Am 23. Juni feierten 38 Schüler der Anstalt das Fest ihrer ersten hl. Communion, zu der sie vom ersten Religionslehrer des Gymnasiums, Oberlehrer *Bechem*, in besonderm Unterrichte vorbereitet worden waren.

Der evangelische Religionsunterricht, welcher seit dem 1. April eingestellt war, konnte erst am 1. Juli wieder eröffnet werden, nachdem der Lic. theol. *Carl Mettgenberg* aus Börlinghausen, Kr. Gummersbach, in die Stelle des ausgeschiedenen Religionslehrers *Beckey* berufen worden war.

Am 17. August wurde das Sommersemester mit Ausgabe der Semestral-Zeugnisse beschlossen.

Im Laufe der Herbstferien bethätigte die Stadt ihre Fürsorge für die Bedürfnisse der Schule in besonders dankenswerther Weise dadurch, dass das Gymnasialgebäude nach der Augustinerbach-Strasse hin durch eine geschmackvolle, mit eisernem Gitterwork gekrönte Mauer einen bessern Abschluss erhielt. Gleichzeitig wurde der Erholungsraum für die Schüler verlegt bzw. erweitert und eine neue Latrinen-Einrichtung hergestellt.

Das Wintersemester begann am 23. September.

Mit dem 30. September schied der Elementarlehrer *Paul Schmetz* nach fast fünf-jähriger erfolgreicher Wirksamkeit aus seinem Verhältnisse zur Gymnasial-Vorschule und zum Gymnasium aus, um als ordentlicher Lehrer an das Königl. Lehrerseminar zu Montabaur überzugehen.

Seine Functionen übernahm am 1. Oktober der bisherige Lehrer an der Knaben-Freischule zu St. Peter hierselbst, *Johann Schulze.*

Am 15. November trat in Folge Verfügung des Königl. Provinzial-Schulcollegiums vom 8. August bzw. vom 17. September 1878 der Candidat des höhern Lehramts Dr. *Carl Koch* aus Hilden, Landkreis Düsseldorf, zur Abhaltung seines Probejahrs bei der Anstalt ein.

Durch Diplom vom 21. November 1878 wurde dem ordentlichen Lehrer *Johannes Brüll* von der philosophischen Facultät der Universität Tübingen der Grad eines Dr. phil. verliehen.

Am 5. Dezember verstarb in einem Alter von fast 80 Jahren der langjährige Schreiblehrer des Gymnasiums *Joseph Schmitz*, welcher im Jahre 1873 sein fünfzigjähriges Dienstjubiläum gefeiert hatte und mit dem Ende des Jahres 1876 in den Ruhestand getreten war.

Am 15. Dezember feierte die Schule einen Dankgottesdienst wegen der glücklichen Wiedergenesung Seiner Majestät des Kaisers und Königs.

Am 14. und 15. Februar fand unter dem Vorsitze des Königl. Provinzial-Schulrathes, Herrn *von Raczek*, die mündliche Abiturienten-Prüfung statt, nachdem in den Tagen vom 27. Januar bis 1. Februar die schriftlichen Prüfungsarbeiten angefertigt worden waren. Sämmtliche 24 Abiturienten erhielten das Zeugniss der Reife; 9 von ihnen konnte die mündliche Prüfung erlassen werden. Siehe die statist. Nachrichten.

Durch Diplom vom 17. Februar 1879 wurde dem ordentlichen Lehrer *Franz Koch* von der philosophischen Facultät der Königl. Akademie zu Münster der Grad eines Dr. phil. verliehen.

7

Am 21. März wurde das Allerhöchste Geburtsfest in herkömmlicher Weise durch eine Vorfeier im grossen Kurhaussaale begangen. Die Festrede hielt der Oberlehrer Dr. *Aussem*.

Der aus demselben Anlasse veranstaltete Festgottesdienst fand am 22. März statt.

IV. Statistische Nachrichten.

1. Am Gymnasium wirkten während des Schuljahres 1878/79 mit Einschluss des Directors 14 definitive, 5 commissarische, 4 technische Lehrer; an der Gymnasial-Vorschule 2 Elementarlehrer. Ausserdem befindet sich seit 15. November 1878 ein Cand. prob. an der Anstalt.

2. Die Frequenz des Gymnasiums stellte sich im Anfang des Schuljahres auf 482 Schüler, von denen 84 neu aufgenommen waren. Dieselben vertheilten sich so auf die einzelnen Classen:

I sup.	I inf.	II sup.	II inf.	III sup.	III inf.		IV		V		VI	
					A	B	A	B	A	B	A	B
24	25	32	38	48	30	31	38	37	50	49	40	40

Im Laufe des Schuljahres wurden aufgenommen 5 Schüler; demnach betrug die Gesammtfrequenz des Schuljahres 487.

Unter diesen Schülern waren 375 katholischen, 93 evangelischen, 19 israelitischen Bekenntnisses; ferner 388 Einheimische (d. h. im Stadtkreis Aachen wohnend), 91 Auswärtige (incl. derjenigen, deren Eltern im Landkreis Aachen wohnen) und 8 Ausländer.

Im Laufe des Schuljahres verliessen die Anstalt 47 Schüler. Somit beträgt die Schülerzahl zur Zeit 440, und zwar befinden sich in

I sup.	I inf.	II sup.	II inf.	III sup.	III inf.		IV		V		VI	
					A	B	A	B	A	B	A	B
24	21	30	33	45	25	27	32	32	49	48	35	39

Die Gymnasial-Vorschule zählte im Anfange des Schuljahres 121 Schüler. Im Laufe desselben gingen 5 Schüler ab, 4 traten neu ein, so dass die Frequenz zur Zeit noch 120 beträgt, unter welchen sich 97 Katholiken, 22 Evangelische, 1 Israelit befinden.

Gymnasium und Vorschule wurden demnach im Schuljahre 1878/79 zusammen von 487 + 125 = 612 Schülern besucht.

3. Ueber die am 14. und 15. Februar 1879 geprüften und für reif erklärten Abiturienten enthält folgende Uebersicht die nähern Nachweisungen:

Namen.	Geburtsort.	Alter.	Con-fession.	Jahre am Gymn.	Jahre in Prima.	Berufsart.
1. Peter von der Banck.	Aachen.	21	kath.	10½	3	Rechtswissenschaft.
2. Johannes Brandis.	„	18	evang.	8½	2	Medizin.
3. Joseph Classen.	„	20	kath.	9½	2	„
4. Gerhard Esser.	Ophoven, Kr. Heinsberg.	18	„	3	2	Theologie und Mathematik.
5. Carl Gieson.	Cornelimünster	19	„	6½	2	Rechtswissenschaft.
6. Joseph Haas.	Stolberg.	20	„	3	2	Theologie.
7. August Hamacher.	Aachen.	18	„	3½	2	Rechtswissenschaft.
8. Joseph Janson.	Broichhoven, Kr. Geilenkirchen.	19	„	4½	2	Theologie und Mathematik.
9. Rudolf Jardon.	Aachen.	20	„	4	2	Medizin.
10. Carl Klinkenberg.	„	22	„	6½	3	Theologie.
11. Eduard Klinkenberg.	„	19	„	6	2	Medizin.
12. Damian Krahe.	Roetgen, Kr. Montjoie.	18	„	4½	3	Ingenieurfach.
13. Heinrich Krantz.	Soller, Kr. Düren.	21	„	4½	3	Medizin.
14. Otto Kruse.	Aachen.	19	evang.	6	2	Rechtswissenschaft.
15. Max Laue.	Ratibor.	19	„	5¼	2	Philologie.
16. Joseph Löhrer.	Aachen.	19	kath.	8½	2	„
17. Walter von der Marck.	Coblenz.	20	evang.	10	3½	Rechtswissenschaft.
18. Max Oppenhoff.	Aachen.	17	kath.	8½	2	„
19. Carl Peters.	Kirchhoven, Kr. Heinsberg.	20	„	3	2	Medizin.
20. Max Polch.	Aachen.	22	„	13½	3	Rechtswissenschaft.
21. Arnold Schouvens.	Langbroich, Kr. Geilenkirchen.	20	„	4½	2	Theologie.
22. Wilhelm Sobaldt.	Cleve.	18	„	6½	2	Philologie.
23. Joseph Stenten.	Aachen.	21	„	7½	2	Theologie.
24. Georg Wickop.	„	17	evang.	8½	2	Baufach.

4. Zur Vermehrung der *Lehrer- und Schüler-Bibliothek*, des *physikalischen und naturhistorischen Apparates*, der Sammlung von *Zeichenvorlagen und Landkarten* wurden die etatsmässigen Mittel verwandt.

An Geschenken, für welche Namens der Anstalt hiermit geziemend gedankt wird, erhielt

A. die Gymnasial-Bibliothek

a. vom Königl. Unterrichts-Ministerium: Zeitschrift für Numismatik, herausgegeben von A. von Sallet. 6. Band. — Zeitschrift für deutsches Alterthum und deutsche Literatur, herausgegeben von E. Steinmeyer. 10. Band.

b. von dem Königl. Kammerherrn und Geh. Legationsrathe Herrn Dr. A. von Reumont: Monatsberichte der Königl. Preussischen Akademie der Wissenschaften zu Berlin. Jahrgang 1878. — Bulletin de l'Academie Royale des sciences, des lettres et des beaux arts de Belgique. 1876, 1877, 1878.

c. von der Verlagsbuchhandlung P. Neff in Stuttgart: C. Jul. Caes. Commentarii de B. G., herausgegeben von H. Rheinhard. Stuttgart 1878.

e. von Herrn Professor Sepp in Augsburg: Varia. Eine Sammlung lateinischer Verse, Sprüche und Redensarten. Augsburg 1879.

f. von dem Berichterstatter: Justins Weltgeschichte, übersetzt von Ostertag. — Juvenal, übersetzt von Bahrdt. — Die Dichtungen des Claud. Claudianus, übersetzt von G. von Wedekind. — Homers Odyssee, von H. Düntzer. Heft I in erster Auflage.

B. die naturhistorische Sammlung

1. als Ergebniss einer unter den Mitgliedern des ärztlichen Vereins hierselbst angestellten Sammlung durch Herrn Kreisphysikus Dr. Kribben 61 M. zur Anschaffung eines menschlichen Skelets; 2. von dem Ober-Primaner Wilhelm Sebaldt eine Mappe mit Alponpflanzen; 3. von dem Ober-Tertianer Georg Macco 4 von demselben gezeichnete Tafeln zur Pflanzen-Anatomie; 4. von dem Ober-Tertianer Walter Körfer eine Blitzröhre; 5. von dem Unter-Tertianer Gustav Hache das Kopfskelet eines Hundshai (Scillium canicula); 6. von den Unter-Tertianern Wilhelm Gérdon, Hubert Hentrich, Clemens Mechelen, Ferdinand Steenebrügge, Andreas Vanhauten und von den Sextanern Oscar Franken, Carl Lück, Otto Meyerfeld und Franz Pauwels von diesen Schülern selbst präparirte Skelettheile verschiedener Thiere, darunter den Schädel eines Kalbes, eines Schweines, eines Schafes, mehrere Hasenschädel, einen Huhnschädel, einen Hechtschädel; 7. von dem Quartaner Carl Paul eine Krähe (Corvus frugilegus) und einen Eichelhäher (Corvus glandarius); 8. von dem Quintaner Albert Jörissen und dem Sextaner Franz Jörisson mehrere Muscheln und Mineralien und eine ausgestopfte Maus; 9. von dem Quintaner Carl Bertling eine Käfersammlung; 10. von dem Quintaner Joseph Lengersdorf einen Iltis (Mustela putorius); 11. von dem Sextaner Joseph Janssen eine Grasmücke (Sylvia hortensis).

C. die physikalische Sammlung

von dem Ober-Secundaner Philips ein Glasprisma.

5. Drei Portionen der Schoen-Stiftung im Betrage von je 150 M. wurden von dem Unterzeichneten an Schüler der Prima und Ober-Secunda als Stipendien verliehen.

Aus dem Gymnasial-Stipendienfonds wurden durch den Gymnasial-Verwaltungsrath pro 1878 an 10 Schüler des Gymnasiums, nämlich an 6 Primaner, 3 Secundaner und 1 Ober-Tertianer, Stipendien im Betrage von je 140 M. bewilligt, im ganzen also 1400 M. zur Unterstützung dürftiger Schüler vorausgabt.

V. Mittheilungen.

1) Schluss des Schuljahres 1878/79.

Freitag, den 4. April.
Schauturnen in der städtischen Turnhalle.

Nachmittags 3—3¹/₂ Uhr Abth. III (Sexta und Quinta): Marsch mit Gesang und Frei-
übungen.

3¹/₂—4 „   „   II (Quarta und Tertia): Ordnungs- und Gangübungen.
4—4¹/₂ „   „   I (Secunda und Prima): Stabübungen.
4¹/₂—5 „   „   der Vorturner: Rüstübungen (Reck, Barren und Springen)
und Gesangreigen (Reihungen, Kreisungen,
Schwenkungen).

Samstag, den 5. April.
Oeffentliche Prüfungen im Gymnasium.

Vormittags 8—9 Uhr Vorschule II: Herr Schulze.
9—10 „   „   I: „ Jansen.
10—11 „   SEXTA   Coet. A. Latein: Herr Brandt.
Coet. B. Geographie: Herr G-L. Dr. Koch.
11—12 „   QUINTA   Coet. A. Naturgeschichte: Herr Weitz.
Coet. B. Latein: Herr Dr. Wolff.

Montag, den 7. April.
Oeffentliche Prüfungen im Gymnasium.

Vormittags 8—9 Uhr QUARTA Coet. A. Griechisch: Herr G-L. Sommer.
Coet. B. Latein: Herr G-L. Hankamer.
9—10 „   TERTIA inf. Coet. A. Mathematik: Herr G-L. Dr. Schüller.
Coet. B. Griechisch: Herr G-L. Dr. Schäfer.
10—11 „   TERTIA sup. { Geschichte: Herr G-L. Dr. Brüll.
Deutsch: Herr Körholz.
11—12 „   SECUNDA inf. { Latein: Herr G-L. Dr. Alsters.
Religionslehre: Herr O-L. Bechem.
Nachmittags 3—4 „   SECUNDA sup. { Physik: Herr O-L. Dr. Aussem.
Griechisch: Herr Prof. Dr. Savelsberg.
4—5 „   PRIMA inf. { Französisch: Herr O-L. Dr. Eschweiler.
Latein: Herr Prof. Dr. Milz.

Dienstag, den 8. April.

Vormittags 11 Uhr: Schlussfeier im grossen Kurhaussaale.

1. Gesang: „Wie lieblich sind die Boten etc." Chor aus „Paulus" von Mendelssohn.
2. Vorträge der Schüler:

Sextaner Carl Weidenbach: Lied eines deutschen Knaben von Fr. L. v. Stolberg.

Quintaner Paul Paradies: Der todte Soldat von Seidl.

Quartaner Adolf Hertzog: Pipin der Kurze von Baur.

Unter-Tertianer Max Rosshoff: Die Macht des Feuers, Bruchstück aus Schillers Glocke.

Ober-Tertianer Franz Hansen: Des Sängers Fluch von Uhland.

Unter-Secundauer Wilhelm Steffens: Aus Wallensteins Tod II, 3 von Schiller.

Ober-Secundaner Richard Hecht: Tells Tod von Uhland.

Unter-Primaner Johann Branchart: Das deutsche Land und Volk von Prölss.

Ober-Primaner Wilhelm Sebaldt: „Jeder individuelle Mensch trägt die Anlage und Bestimmung zu einem idealen Menschen in sich." (Eigene Arbeit.)

3. Gesang: „Siehe, der Hüter Israels etc." Chor aus „Elias" von Mendelssohn.
4. Entlassung der Abiturienten durch den Director.
5. Gesang: „In der Heimath ist es schön" nach J. Krebs. Melodie nach Fr. Abt von P. Stein.

Nachmittags 3 Uhr: Verkündigung des Ascensus und Austheilung der Zeugnisse in den einzelnen Classen.

2) Anfang des Schuljahres 1879/80.

Das neue Schuljahr (1879/80) beginnt Donnerstag, den 24. April. Die Aufnahme-Prüfungen finden Dienstag, den 22. und Mittwoch, den 23. April, jedesmal von Morgens 8 Uhr an, statt. Anmeldungen für das Gymnasium und die Gymnasial-Vorschule nimmt der Unterzeichnete Montag, den 21. April, Morgens von 10—12 Uhr, Nachmittags von 3—5 Uhr im Conferenzzimmer des Gymnasiums entgegen.

Derselbe macht auf folgende Punkte aufmerksam:

1) Bei der Anmeldung sind vorzulegen a) ein Zeugniss über den bisher erhaltenen Unterricht oder ein Abgangszeugniss von der zuletzt besuchten Unterrichtsanstalt; b) bei Knaben unter 12 Jahren ein *Impfattest*, bei solchen von 12 oder mehr Lebensjahren ein *Impf-* und *Wiederimpfungs-Attest*; c) der amtliche Geburtsschein.

2) Zur Aufnahme in die Sexta des Gymnasiums ist Kenntniss des Lateinischen *nicht* erforderlich; wohl aber Folgendes:

Geläufigkeit im Lesen deutscher und lateinischer Druckschrift; Kenntniss der Redetheile; eine leserliche und reine Handschrift; Fertigkeit, Dictirtes ohne grobe orthogra-

cho Fehler nachzuschreibon; Sicherheit in den vier Grundrechnungsarten mit ganzen
en; Bekanntschaft mit den Geschichten des A. und N. Testamentes.
Das normale Alter für die Sexta ist das vollendete neunte Lebensjahr.

3) Für die unterste Abtheilung der Gymnasial-Vorschule werden *keine* Vorkennt-
e gefordert. Im allgemeinen ist das vollendete sechste bis achte Lebensjahr zum
tritt in eine der Abtheilungen dieser Schule das geeignetste.

4) Für das Gymnasium und die Vorschule ist der *gewöhnliche* Aufnahmetermin *Ostern*.

Aachen, im April 1879.

Dr. Schwenger,
Gymnasial-Director.